세무사무실 직원들을 위한
쉽게 이해하는 부가세법

수학연구사

목 차

〈 머리말 〉 ··· 1

PART I. 부가세법 총론 ··· 7
  1. 부가세의 이런 기초는 이해하자 ···································· 8
  2. 부가세의 이해 ·· 12
  3. 사업자 등록 ·· 13
  4. 납세의무자 ·· 15
  5. 과세기간과 납세자 ·· 16
  6. 종합 기타 ·· 19

PART II. 과세거래 ·· 21
  1. 과세거래 ·· 22
  2. 부수공급 부수재화 부수용역 ······································ 29
  3. 재화의 공급의제 재화의 공급특례 ···························· 29
  4. 공급시기와 공급장소 ·· 34

PART III. 영세율과 면세 ··· 45
  1. 영세율을 이해하기 ·· 46
  2. 영세율의 적용대상 ·· 47
  3. 면세 ·· 49

PART IV. 과세표준과 매출세액계산 ···································· 55
  1. 과세표준 ·· 56
  2. 대손새액공제 ·· 59
  3. 전체 일반 ·· 60

PART V. 세금계산서와 영수증 ·· 61
  1. 세금계산서와 전자세금계산서 ·· 62
  2. 세금계산서 발급의무면제 ·· 66
  3. 매입자발행세금계산서 및 수정세금계산서 ························ 68
  4. 일반 ·· 71

PART VI. 매입세액의 계산 ·· 73
  1. 의제매입세액 ·· 74
  2. 매입세액의 계산 일반 ·· 77

PART VII. 겸영사업자 ·· 83

PART VIII. 부가가치세의 신고 납부 절차 ································ 95
  1. 가산세 ·· 96
  2. 주사업장총괄납부제도와 사업자단위과세제도 ················ 100

< 머리말 >

부가세에 대해서 잘 빨리 이해가 되게 정리를 했다

세법상의 세금들 중에서 기술적으로 가장 어렵다고 하는 부가세에 대해서 쉽게 이해가 되게 내용들을 정리했다.

신체적 활동을 통해서 암기하는 게 제일 극한이라는 점도 활용해서 암기시도해본다

우리의 암기는 몸을 쓰는 게 최대한의 암기활동이다. 그 점을 이용해서 암기 시도를 해보도록 했다.

앞에서는 개괄 뒤에서는 전투적 지문

앞에서는 다소 개괄 기술을 하고 세부적으로 문제되는 기술들에 대해서 정리를 했다. 전투적 지문들은 여러분들이 어렵고 두꺼운 책을 읽으면서 도대체가 왜 이게 이렇게 되는거야 라고 하는 것들의 논리와 이유에 대해서 그리고 잘 암기하는 법에 대해서 많이 최대한 담아보려고 했다.

간이과세 부분은 다음 기회에 좀 더 소개를 하도록 한다

긴이과세 부분은 다음 기회에 좀 더 소개를 하기로 기약을 하고 간다.

〈 입법사항관련 〉

입법적 사항은 결단의 대상이다

위대한 법학자 칼스미트가 말한 것처럼 법은 결단이다 입법적 사항은 결단의 대상이다. 그런데 그것을 시험에서 물어본다면 우리는 역으로 가상적 입법자를 만들어서 그를 통해서 암기를 한다. 입법의 과정은 실제로 국회 등을 통해서 집단적으로 거쳤겠지만 우리는 심플하고 단순하게 가상적 입법자를 가상해서 제시를 한다. 그래서 쌍극자 이론으로 해서 암기를 하는 게 좋다. 즉 외우기 위한 요소들에서의 중요핵심요소를 추출해서 공통자를 뽑아내고 그것들이 일치를 하게 해서 또 그것을 쌍극자라는 요소로 해서 뭉치게 한다.

가상적 역사를 생각하고 조성 형성해서 하면 아주 잘 외워진다

우리는 입법자나 현명한 해설자를 내세워서 암기를 한다. 아주 잘 외워진다. 그야 말로 읽다보면 외워진다. 그래서 그런 정책사항을 암기할 때는 가상적 캐릭터 입법자를 전제로 해서 암기를 한다. 그 입법자는 원래 그 규정을 만든 사람을 상정한 것이다. 당연히 한명이 아닌 여러 사람의 산출의 산물이지만 가상적 한명으로 해서 정리를 한다. 왜? 그렇게 하면 잘 외워지기 때문이다.

공부의 올바른 길로 간다

공부의 올바른 길은 본질이 있는 것은 왜 이렇게 되는지 그 본질을 잘 추구해서 탐구해서 가되 그렇지 않은 것은 즉 본질이 있지 않은데 시험에서 풀이를 답을 요구하는 것은 본질스러운 것을 창출해서 그에 맞춰서 가는 게 제일 좋은 방법이다.

암기는 책을 볼 때의 자신과 책 덮고 나서의 자신은 십분의 일 정도로 보면 된다

사람들의 암기시도에서의 큰 착각은 책을 덮어도 같은 결과가 나올 것이라고 믿는 것이다. 그럴 때 입법자는 여러분들에게 암기를 잘 할 수 있게 해주는 역할을 할 것이다.

타당한 이유는 최종준이유적이라는 표현을 써서 구분 표시를 했다

보통 최종이유적이라고 하면 논리적으로 풀어낼 때의 표현으로 쓴다. 그러나 이렇게 입법자의 캐릭터를 가지고 쉽게 이해하고 쉽게 외우게 하기 위해서는 필자는 최종준이유적으로라는 표현을 썼음을 이해하고 학습하기 바란다.

시퀀스적으로 소개한 노래 등에 대해서는 유튜브에 검색을 해보면 좋다

공부를 더 지루하지 않게 처리하는 게 가능할 것이다.

특히 최종암기적으로 그 부분을 제일 주목해서 보기 바란다

가급적 최종암기적으로 내용으로 내용을 결집을 시키려고 하고 있다. 그러니 그 부분에 중점을 두어서 보기 바란다.

PART I. 부가세법 총론

1. 부가세의 이런 기초는 이해하자

-이 책의 의도에 따른 부가세 기본 이해하기

이 책은 완전한 책이라기보다는 여러분들이 아주 두꺼운 실무서나 텍스트 기본서를 이해함에 있어서 겪는 고초를 해결해주려는 의도가 큰 책이다. 그래서 기분구성은 아주 간단하지만 가장 그 분야를 해결하고 문제를 풀어나감에 있어서 제일 중심이 되는 단락문의 형식으로 되어 있다. 그러나 그렇게만 해서는 이 분야를 처음이해하거나 그야 말로 큰 와꾸를 이해하려는 사람들에게는 다소는 어려움이 있을 것이다. 그래서 그에 대해서 좀 더 여러분들이 부가세전체에 대해서 이해를 하기 위한 제시를 좀 해서 쉽게 안착이 되게 하고자 한다.

-그래도 이것은 알고 내용 읽고 글을 보자(1)-매입과 매출구조 그래서 돈계산이 되는 구조

부가세를 직접 느끼지 않고 눈으로만 보는 사람은 이게 돈이 어떤 식으로 오고가는지가 확 감이 안와서래도 힘든 부분이 있다. 소득세 법인세 양도세 같은 것들은 그냥 신고하거나 고지가 나오는대로 내면 되는데 이것은 분명한 계산구조 즉 자신이 이미 간접세로 낸 매입세액은 까고 자신이 다른 소비자등에 받은 매출세액은 갖고 있다가 깐 것의 차액을 신고해서 내고 의 구조이기에 〈1〉그런 계산과정을 통해서 세금을 내야 하고 〈2〉그렇게 계산했는데 매출보다 매입이 크다면 다시 환급을 받는 구조라는 것이 가장 큰 특징이다.

-그래도 이것은 알고 내용 읽고 글을 보자(2)-영세율과 면세의 중요성

영세율과 면세는 앞서 말한 매입만큼 낸 거 까서 털어내고 매출만큼 남에게 받은 거 정산해서 납부하고의 단순한 구조에 아주 심각한 왜곡을 일으키는 것이라고 보면 된다. 쉽게 말해서 영세율은 수출하는 기업들에게 유리하게 부가세를 안 받겠다 내재마라의 구조가 된다. 영세율은 너희가 (아직은 또는 여러 사유로) 부가세를 내는 게 좀 그렇지 해서 안 받는 구조이다. 왠지 비슷해보이는 측면도 있지만 명확한 것은 영세율은 안 받기는 해도 그런 정책적 영의 세율로 안 받을 것이기에 신고는 해야 한다는 것이다 그러나 면세는 아예 부가세를 저세상이야 하듯이 하니까 이런 사업자는 세금계산도 아니고 그냥 계산서를 가지고 끊고 하는 식의 부가세 질서에 벗어나 있는 것이다.

-그래도 이것은 알고 내용 읽고 글을 보자(3)-겸영사업

앞서 말한대로 과세와 면세로 세상을 나눠서 보는 게 부가세적 관점이다. 그런 관점에서 보면 이것을 두 개를 다 사업에서 운영하는 형태는 좀 생각할게 많고 골치 아픈 형태가 된다. 즉 주변에서 쉽게는 일반제조업을 하면서 책을 내는 출판사를 겸영하는 형태라든지 하는 경우이다. 이 경우에는 쉽게 생각하면 과세매출은 부가세 내고 면세매출은 부가세 안내고 하는 식으로 편하게 생각할 수도 있다. 그러나 부가세는 앞서 말한 대로 매출세액에서 매입세액을 빼야 계산이 나오는 구조다. 그러다 보니 매입세액으로 한 게 과세를 제대로 하고 구입을 한 것인데 과세만을 위해서 쓰는게 아니라 면세로도 쓰거나 역으로 면세로 구입을 한 것인데 과세부분에도 쓸 수가

있다. 이럴 때는 안분적 계산이 필요하다. 그게 바로 겸영사업파트이다.

-그래도 이것은 알고 내용 읽고 글을 보자(4)-간이과세

세금은 세수로서 걷어 들이는 것도 중요하지만 경제성적으로 이게 걷어 들일만한 것인가 즉 징수비용이 더 드는 게 아닌가를 따져서 굳이 그렇게 해서 걷어 들이는 세금이 크지 않다면 그냥 그야말로 손익분기를 따져서 안 걷는게 낫겠다고 가는게 있다. 그게 바로 간이과세이다. 즉 그래서 매출 4000아래는 세금계산서를 발행하지 않게 하거나 8400아래로는 간이과세자로 해서 해택도 주고 뭐도 하지는 못하게 하는 식으로 운용을 한다.

-대략적 목차 분석에 따른 접근

앞서의 기본흐름에 입각을 하고 중요한 포인트를 그렇게 챙겨서 본다면 다음으로 전체적인 목차를 훑어서 개괄하는게 가능하다.

총 설
과세거래
영세율과 면세
과세표준과 매출세액
세금계산서와 영수증
매입세액
납부세액/차가감납부세액의 계산

겸영사업자

부가가치세의 신고·납부 절차

간이과세

벌칙

보칙

여기서 보면 총설과 뒤의 벌칙 보칙은 의례적인 것이고 말한 대로의 영세율과 면세가 큰 덩어리를 차지하고 있다. 그래서 그에 대한 판단이 필수이고 그 뒤로는 절차적인 것들이 주로 차지를 하고 그 앞뒤로 해서 매출세액과 매입세액에 대한 이야기가 나오고 있다. 다만 그런 매출 매입세액을 따지기 위해서는 그 거래 자체가 부가세의 틀에서 이게 과세거래가 맞다 하고 인정을 해주는 그런 과세거래인지를 따져보는 게 중요하다.

-계산 문제는 결국 비율문제다

쉬운 계산문제는 딱히 고민이 크지 않아도 푼다. 그러나 다소 복잡한 것은 결국 박스가 나오는 그런 복잡한 문제다.

-다른 세법보다는 확실히 쉽다

다른 세법보다는 로직만 파악하면 확실히 쉽다. 그래서 거기서 점수를 따야 한다.

2. 부가세의 이해
: 당신의 부가가치 창출활동에 정부가 기여를 해줬잖아 그러니 지분을 내의 관점으로 보면 편하다

-의미

우리가 토지 등의 재산세에 세금을 매기는 근거는 그렇게 당신의 재산이 잘 보전되는데에 정부가 기여를 해준게 있지 않느냐 그에 대해서 지분적 대가를 내라는 관점이다. 그럼 부가가치세도 그런 생산적 활동에 우리 정부가 보호해주고 잘되게 해준게 있지 않느냐 그것을 내라의 의미가 된다. 그런 관점으로 보면 이해가 빠르다.

-소득세와의 중복여지

그렇게 경제적 부가활동에 매기는 것으로 보면 소득세와 중복의 여지는 논리적으로 생긴다. 그래서 일단 그 담세자를 최종적으로는 소비자로 가게 했다. 그리고 그런 중복여지를 감안한 여러 가지 제도가 있다. 당연히 부가세를 만들면서 그런 생각을 안했을리 없기에 말이다.

물론 그런 과세행위자와 담세자가 다르기에 가지는 상충이 이 제도를 이해하기 어렵게 만드는게 사실이다. 그래서 부가세가 어려운거다.

-담세자가 결국은 경제활동자다

물론 조금의 차이는 있지만 담세자도 우리 국민 경제활동자도 국민이기에 결국 거기서 거기라는 사고도 진행된다. 물론 아무런 생산 활동도 안 하고 그냥 쓰기만 해서 담세만 지는 사람도 극단적으로 있겠지만, 아주 예외적인 경우이기에 과세형평도 문제가 안 된다는 입장이다. 그리고 그럼 부가가치를 향유하는 것에 대해서 소비자인 당신이 이것을 내야할 부담도 있다는 논리이다.

3. 사업자 등록

-신규로 사업을 개시하는 자는 사업개시일부터 20일내로 각사업장마다 사업자 등록을 해야 한다: 20일부분 암기

최종준이유적

신규+이십일-신이-신이문역-입법자가 신이문역에 새로사업자를 낸 가계를 가보다.
연관어-신이문역

-사업자등록상의 휴업을 하면서 휴업신고서에 적힌 휴업기간을 산정할 때에는 계절적인 사업의 경우 그 계절이 아닌 기간은 휴업기간으로 본다

최종이유적

어차피 계절적인 사업은 그 계절이 아니면 객관적으로 봐도 휴업기간이다. 그러니 그런 객관성에 맞춰서 휴업기간으로 보다는 것이다. 그야 말로 얄짤 없다는 것이다.

-사업자등록 정정사유 관련해서 면세사업을 영위하던 개인사업자가 과세사업으로 업종전환을 할 때는 사업자정정사유가 아니라 신규사유가 된다

최종이유적

면세사업자는 사업자번호를 쓰지 않고 그냥 등록번호를 쓴다. 그래서 엄밀히는 사업자가 아니다 그러니 새롭게 과세사업자가 되면 그것은 신규이다.

-일반적인 업종의 경우 사업개시일은 재화 용역의 공급개시일이지만 제조업의 경우는 제조개시일을 사업개시일로 한다. 그 이유는?

최종이유적으로

일반적인 업종에서는 사업자가 재화나 용역의 공급을 개시한 시점이 사업을 시작한 시점으로 간주된다. 예를 들어, 소매업에서는 상품을 판매하기 시작하는 날이 사업개시일이다. 그러나 제조업에서는 공급의 개념과 제조의 개념이 다르다. 제조업은 제품을 생산하는 과정에 해당하는데, 이 과정에서 제품을 생산하기 시작하는 것이 곧 사업의 시작으로 간주된다.

제조업체는 제품을 만들기 위해 원료나 부재료를 구입하고, 이를 가공하여 새로운 제품을 만들어내는 과정이 포함된다. 그리하여 제조업은 실제로 재화를 공급하기 시작하기 전, 제조 과정 자체가 사업을 시작하는 중요한 시점이기 때문에 제조개시일을 사업개시일로 보는 것이다.

4. 납세의무자

-수탁자가 재개발사업재건축사업의 사업대행자인 경우 위탁자는 부가가치세를 납부할 의무가 있다고 한다. 그 이유는?

최종이유적으로

수탁자가 재개발사업이나 재건축사업의 사업대행자인 경우에 위탁자가 부가가치세를 납부할 의무가 있는 이유는, 이러한 사업에서 발생하는 거래가 신탁재산의 공급으로 간주되기 때문이다. 특히, 수탁자가 재개발사업이나 재건축사업의 사업대행자로서 그 사업을 수행할 때, 위탁자가 제공한 신탁재산이 사업의 일부로 사용될 수 있다.

-국외의 광고매체에 광고개제를 의뢰하고 지급하는 광고료는 부가가치세 납세의무가 없다. 그 이유는?

최종이유적으로

부가가치세법 제21조(부가가치세 면제)에 따르면, 국외에서 제공되는 용역에 대해서는 부가가치세가 면제된다. 광고가 제공되는 매체가 국내가 아닌 외국에 위치하고 있기 때문에, 그 광고 서비스에 대한 지급은 국외 용역으로 분류되며, 이는 부가가치세 면제 대상이 된다.

5. 과세기간과 납세자

-부가세를 납부할 의무가 있는 사업자란 영리목적불문이고의 사업자이다

1) 기본 암기

불문과에서의 만든 비영리사업자도 여기에 포함된다고 생각하자. 어학을 중심으로 하는 곳인가 보다. 이들이 불어사전 등을 만들 수도 있고 말이다.

2) 최종이유적암기

부가세를 내지 않는다면 사업자 중에서도 면세 사업자 따위이지 그런 면세 사업자가 꼭 비영리 인 것은 아니다. 비영리도 먹고살아야 하지 않는가? 그러니 비영리 사업자도 그런 활동을 하고 그런 활동의 흔적에서 부가세를 남긴다 그러니 영리목적 불문이 된다.

-재화를 수입하는 자의 부가가치세 납세지는 수입을 신고하는 세관의 소재지이다

최종이유적암기

재화를 수입하는 자의 부가가치세 납세지는 수입을 신고하는 세관의 소재지라고 할 때의 암기는 쉽신고 라고 해서 일단 외운다. 신고는 일본어로 신앙이다. 그래서 수입을 할 때 쉽 즉 어떤 신념 등에 대한 신앙 즉 신고를 전제로 해서 그 지역은 바로 그런 수입신고를 하는 지역이다.

-장기할부판매는 재화의 인도일의 다음날로부터 최종할부금 지급기일까지의 기간이 1년 이상인 판매이다

최종이유적으로는

장기할부판매를 하기에는 그 금액이 큰 경우가 많기에 그런 경우는 바로 첫 지급이라도 바로 되는 게 아니라 좀 있다가 하루 뒤에 일어나는 게 많기에 그렇게 구성을 한다.

-장기할부판매에서 애를 먹이는 경우는 인도일부터 따질 때, 12번을 해도 그게 12개월이 아니고 11개월이라는 사실이다

최종이유적으로

텀이라는 관점에서 보면 12번에 나눠서 대금을 지급하면, 그것이 11개월이 된다는 점이다. 그래서 그 함정에 빠지지 말아야 한다.

-부가가치세법상 장기할부판매와 단기할부판매의 기준과 처리는?

최종이유적으로

단기할부: 대금 지급과 관계없이, 공급 시점에 전액 부가가치세를 납부
장기할부: 할부금이 지급될 때마다 매회 부가가치세를 신고하고 납부

이렇게 되기에 이유적으로는 '현실적으로 생각하자'가 모토가 될 수 있다. 즉 단기는 짧기에 아예 구질구질하게 따지지 말고 화끈하게 공급이 된 시점을 기준으로 해서 본다. 반대로 장기는 오죽하면 장기로 하랴 싶어서 즉 덩어리가 크다든지 하는 것이니 나눠서 쪼가리 쪼가리 해서 판단한다.

-중간지급조건부계약은 계약금을 받기로 한 날의 다음날부터 재화의 인도일까지의 기간이 6개월 이상이거나 그 기간이내에 총 3회 이상 분할하여 받는 경우이다

최종준이유적으로

다음날+6월+3회
다음날-[보조사람]다음:네이버(한때는)/남자다움/다음사람에게는아프게하지말아요/다운더라인/다음카페/타음검사/모타운레코드/타운하우스
유월-[보조사람]유혈낭자/해피뉴이어/유열:이문세:이수만(마삼)/뉴월드호텔/비쥬얼담당

6. 종합 기타

-사업장은 사업자가 사업을 하기 위해서 거래의 전부 또는 일부를 하는 고정된 장소로 한다

최종준이유적

사업장은 사업자가 사업을 하기 위해서 거래의 전부 또는 일부를 하는 고정된 장소로 한다를 외움에 있어서 중요한 요소는 '고정'이다. 그래서 사업자는 고증학으로 고증이 된 장소를 선호한다고 외워두자.

-조세의 물납은 재화의 공급이 아니다

최종이유적으로

조세의 물납은 법률상 원인에 의한 재화의 공급에 해당하므로 사업자가 국가로부터 부가가치세를 거래징수하여 다시 국가에 납부하는 것이 부가가치세법의 법적 이론에 따르면 맞는 행위이라고 볼수는 있다. 그런데 상황을 가정하고 확대해보면 물납에 대하여 국가로부터 거래징수하는 것은 현실적으로 불가능하다. 또한 국가로부터 부가가치세를 거래징수하더라도 사업자는 다시 이 거래징수한 부가가치세를 매출세액으로 납부하게 되어 국고에 도로 수납되어 과세실익이 전혀 없다 따라서 물납을 과세거래로 보지 않는다.

-사업에 관한 모든 권리와 의무를 포괄적으로 승계시키는 사업의 양도로서 양수자가 승계받은 사업의 종류를 변경한 경우는 재화의 공급으로 보지 않는다

최종이유적으로

부가가치세법에서는 사업 양도가 재화의 공급으로 취급되도록 특정 요건을 둔 셈이다 즉 양도된 사업이 기존의 사업 내용이나 성격을 그대로 유지하는 경우에만 그 사업 양도는 재화의 공급으로 처리된다. 즉 사업의 성격이 변경되면 새로운 사업을 시작하는 것과 비슷한 취급을 한다. 즉 재화의 공급은 단순한 공급이 아니라 부가가치를 일으키는 즉 받은 사람입장에서도 부가가치가 부가되어서 받는 것이 되어야 한다. 그런데 사업의 종류가 유지되면 그런 점이 있으나, 사업의 종류가 변경이 되면 그런 점이 없다 내지는 적다고 법이 이해를 하는 것이다.

-신탁법에 따른 위탁자가 신탁재산을 수탁자의 명의로 매매하는 경우에는 재화의 공급으로 본다

최종이유적으로

수탁자 명의로 신탁재산을 보는 것이 세법의 태도이다. 그런데 그 수탁자명의로 된 재산을 위탁자가 행위자라고 하여도 명의를 수탁자로 해서 넘어간 이상 문제가 없는 과세거래로 본다.

PART II. 과세거래

1. **과세거래**

-무상용역은 과세거래가 아니다 다만 특수관계인에 대한 임대무상용역은 과세거래로 본다는 것만 암가히자

1) 기본 암기

무상물품공급은 과세거래이다. 그런데 무상용역거래는 과세거래가 아니다. 단 특수관계인에 대한 임대무상용역은 과세거래로 본다. 그게 유일한 예외이다. 그런 체계를 이해하고 암기를 해야 한다. 특히 우리가 과세 체계에서 특수관계인과는 고가매입 저가매도를 거래질서 교란으로 봐서 강하게 취급하는 것을 감안하면 반드시 체크하고 가야 할 것이다.

2) 최종준이유적암기

특수관계인 임대무상용역은 과세-1)특수 2)임대 3)무상-특무-특무대:방첩부대;보안사-입법자는 무상공급 무상용역 등이 헷갈리는 상황을 아주 슬기롭게 표현을 해서 잘 빠져나오려고 생각한다. 특무대처럼 말이다. 아 특무대라면 그런 어려운 일을 하는 사람들이라면 어떻게 했을까 하고 생각한다. 연관어-특무대

-사업자가 아닌 개인이 채무를 변제하지 않아 담보로 제공한 건물의 소유권이 이전되는 경우에는 대물변제에 해당하므로 재화의 공급으로 과세되지는 않는다

최종이유적

그렇게 낸 사람이 사업자여야 한다. 개인은 부가세 과세거래의 공급자가 아니어서 해당되지 않는다.

-민사집행법에 의해서 강제경매절차에 따라 재화를 양도하는 것은 과세거래가 아니다

최종이유적

이는 과세거래가 아닌데 생각해보면 그냥 파는 것과 결국 소비자의 손에 들어가는 것은 마찬가지인데 이것은 실제적으로는 강제경매를 통해서 일반가격과는 터무니없이 다른 가격으로 넘어간다던지 하는 현실적 이유를 생각하면 정책적으로 과세거래로 안본다고 추단해본다.

-소매업을 운영하는 사업자가 외국의 소매업자로부터 구입한 신발류를 우리나라의 보세구역으로 반입한 경우는 재하의 공급으로서의 과세거래가 아니다

최종이유적

재화의 공급으로서의 과세 거래가 되려면 수입이 되어야 하는데 아직 보세구역에 있는 것만으로는 수입이라고 볼 수 없다. 그래서 안 된다.

-질권의 목적으로 동산을 제공하는 것은 재화의 공급으로 보지 않는다

최종이유적

이렇게 해서 인도를 하는 것은 완전히 넘기는 게 아니기에 말이다. 그러니 가격가치도 의미가 없다. 그래서 완전히 공급한 것으로 보기에는 무리가 있다.

-사업자가 현물출자에 따라 재화를 인도하면 그것도 과세거래이다

최종이유적으로

부가세를 입체적으로 파악을 해서 부가가치를 낸 생산에 부가하는 세금이라고 본다면 이런 현물출자도 그렇게 내어놓기 위해서 공급자가 노력을 써서 부가가치를 만들어낸 부분이 있다고 보면 된다. 아니면 좀 더 확대해서 봐서 그렇게 현물출자로 내어 놓은 순간 이후에 그것의 사용자들이 충분히 향유하면서 쓴다고 보면 된다.

-출자자가 자기지분을 타인에게 양도 상속 증여하거나 법인 또는 공동사업자가 출자지분을 현금으로 반환하는 경우는 과세거래가 아니다

최종이유적으로

[최종요해: 현물로 하면 그것은 현물로서 가치있는 것을 줌으로서 또한 효용제공이 된 거다]
[그러나 그것을 현금으로 주면 재화공급에 따른 효용증가를 창출한 것은 아니다]
[그래서 현물로 반환은 과세거래, 현금으로 반환은 과세거래가 아니다]
[다시 말해서 출자지분 반환이 이루어지더라도, 실제로 새로운 가치를 창출하거나 재화가 이동하는 것이 아니므로 과세대상 거래로 간주되지 않는다.]

-공동사업자 구성원이 각각 독립적으로 사업을 영위하기 위해서 공동사업용 건물의 분할등기(출자지분의 현물반환)로 소유권이 이전되는 건축물은 과세대상이다

최종이유적으로

[최종요해: 건물의 물리적 분할과 소유권 변경이 새로운 사업 환경을 창출하게 되므로]
[이 과정을 새로운 부가가치 창출로 해석할 수 있다]
[즉 이는 새로운 경제적 가치를 창출하는 효과를 가져온다]
[공동 사업을 위한 공동 소유에서 개별적인 사업 영위를 위한 소유로 변화하는 과정에서, 건물의 활용도가 변화하게 된다]
[그래서 출자지분의 현물 반환은 대가성이 있는 거래로 간주한다]

-도시 및 주거환경정비법 등에 따른 수용절차에서 수용대상 재화의 소유자

가 수용된 재화에 대한 대가를 받는 경우 이는 과세거래가 아니다

최종이유적으로

도시 및 주거환경정비법 등에 따른 수용 절차에서 수용대상 재화의 소유자가 받는 보상금은 과세 거래가 아니다. 이는 수용이 공공의 이익을 위한 강제적인 재산권 이전이며, 일반적인 거래와는 성격이 다르기 때문이다. 다만 이는 그런 강제적 절차이기에 그렇게 남는 것 즉 이윤이 남게 부가가치가 남는게 없다는 점도 영향을 미친다.

-사업자가 양도담보의 목적으로 부동산상의 권리를 제공하는 것은 과세거래가 아니다

최종이유적으로

[요약이해: 부가세는 생산적 부가가치가 늘어난 것에 대해서 매기는 세금]
[이는 담보의 제공으로만 봐서 그 부가가치가 늘었다고 보지는 않는다]
[즉 생산적으로 뭔가의 부가가치가 는 것으로 보지는 않는다는 의미]

-대학이 사업용부동산을 그 대학의 산학협력단에 대가를 받지 않고 임대하는 것은 용역의 공급으로 보지 않는다

최종이유적으로

산학협력단을 별개로 놓은 것은 상호간에 사업자성을 놓으려는 것이지 뭐 아주 크게 다른 것은 없다. 그런데 임대는 용역의 제공이지 물품의 공급이 아니다. 그리하여 용역의 공급은 원칙상 대가가 있어야만 그것을 공급거래로 보게 된다. 그래서 이것은 아니다.

-농민이 자기농지의 확장 또는 농지개량작업에서 생긴 토사석을 임시적으로 판매하는 것은 납세의무가 없다. 근거규정이 뭐냐?

최종이유적으로

부가가치세법 제10조 제1항 제1호에서는 농업과 관련된 거래에 대해 세금 면제를 규정하고 있다. 이 조항은 농업 생산 활동에 대해 부가가치세를 면제하도록 하고 있으며, 이는 농민이 농지의 확장 또는 농지 개량 작업에서 생긴 토사석을 임시적으로 판매하는 경우에도 적용된다. 특히 농지 개량이나 농지 확장과 같은 농업 활동에서 발생한 토사석의 판매는 본래 농업 활동의 일환으로 간주되며, 이와 관련된 판매는 부가가치세의 납세 의무가 없다는 예외에 해당한다.

-사업자간에 상품 제품 등의 재화를 차용하여 사용하거나 소비하고 동종 또는 이종의 재화를 반환하는 소비대차의 경우의 해당 재화의 차용과 반환은 과세거래이다

최종이유적으로

소비대차는 실질적으로 재화의 공급이 이루어진 것으로 볼 수 있기 때문에, 그 과정에서 발생한 거래는 과세거래에 해당한다. 즉 이것은 완전히 물건을 넘기는 것은 아니다. 그래도 더 강한 효용을 일으키기기에 그에 해당한다.

-교환계약에 따른 재화의 인도와 양도도 과세거래로 본다

최종이유적으로

교환계약에서 한 사업자가 다른 사업자에게 재화를 양도하거나 인도하는 과정은 재화의 공급에 해당한다. 부가가치세법에서는 재화의 공급을 재화의 양도, 인도 또는 사용으로 정의하고 있다. 교환계약에 의한 재화의 인도와 양도 역시 이런 공급의 하나로 간주되므로, 과세거래에 해당한다. 또한 대가의 교환요소도 작용하는데 이때 대가는 금전이 아닐 수 있으나, 재화나 용역의 제공을 통해 이루어지므로 과세 대상이 된다.

-염전임대업은 부가가치세법상 용역의 범위 안에 들어가지 않는다고 하는데 특별한 이유가 있나?

최종이유적으로

염전임대업은 토지 사용을 제공하는 임대업에 해당하며, 일반적으로 토지의 임대는 부가세의 면세로 본다.

2. 부수공급 부수재화 부수용역

-밀가루 생산에 부수하여 생산되는 밀기울은 면세이다. 그 이유는?

밀기울이 면세되는 이유는 밀가루 생산의 부산물로서 최종 소비를 위한 주요 재화가 아니기 때문이다. 밀기울은 산업용 원료나 동물 사료 등으로 사용되며, 소비세를 부과할 필요가 없다고 판단되어 면세 대상으로 분류된다.

3. 재화의 공급의제 재화의 공급특례

-공급의제는 간주공급이라는 말로도 쓰임을 기억하라

최종이유적

의제나 간주나 다 원래는 그게 아닌데 그것으로 보자는 말을 가지고 있다. 그래서 공급의제는 간주공급과 같은 말임을 인정하라. 이해하라.

-공급의제는 세가지 자가공급, 개인사용(공급), 사업상증여 세가지이다: 암기

1) 흐름으로 암기이해 (1)
자가는 가장 좁고 개인은 가족 등을 좀 포함한다고 생각을 여유롭게 가지면 좀 더 넓어지고 마지막으로 사업상증여는 불특정다수등으로 넓어진다.

그렇게 범위를 넓여서 칠판에 그렇게 범위를 넓혀가면서 생각하자.

2) 흐름으로 암기이해 (2)

앞서 말한 식으로 볼 수도 있으나 좀 더 내용본질로 가보면 자가공급은 그야말로 정말 바로 사업에 써먹기 위한 것이다. 그러니 사업인데 당연히 공급을 하지 말이다. 자기 자신에게 하는 것이라도 말이다. 다음으로 개인사용은 이제 그런 사업상을 떠나서 다소 자기가 사용을 하기 위한 것이다. 즉 사업상은 좀 아니라는 것이다. 이름에서 좀 혼란이 올수 있는데 앞서 나온 자가공급이 왠지 자기가 쓰기 위해서 공급을 한다는 것처럼도 보이는데 그 차이를 구별해야 한다. 그래서 그 다음으로 개인적사용이 나왔고 그런 사용이라면 마지막으로 더 확대시킨다. 바로 그게 사업상증여이다. 어차피 사업에 바로 쓸게 아니고 소비하는 것이라면 더욱더 확대시켜서 남들에게 그냥 주는 것까지로 범위를 확대시키는 것이다.

3) 최종준이유적암기

의제-자가-파라오안마의자-입법자는 공급의제의 태양에 대해서 진지히 고민한다. 편안한 파라오 안마의자에 있는데 아 그럼 이런 안마의자를 자기들에게 스스로 공급하는 것도 그게 되겠구나 하고 생각한다.

-자가공급으로 공급의제에 해당하는 것은 면세사업전용, 비영업용소형승용차와 그 유지, 판매를 목적으로 다른 사업장에 반출하는 경우이다: 앞부분 암기

1) 기본 암기

취지를 보면 세 번째 경우는 자금상의 부담완화를 목적으로 한다. 세가지를 외우는 방법은 쌍시옷이 들어가는 세가지로 해서 외운다. 면세사업전용은 쌀 이라고 하고 비영업용소형승용차는 쏘형 승용차 쏘울이라고 해서 외우자 그리고 마지막은 자신의 다른 사업장이니까 쌍둥이 사업장이라고 해서 외워두자. 이런 쌍시옷 시리즈가 답이다.

2) 최종준이유적 암기

자가+면세전용-부전자전-입법자는 자가공급으로 면세가 아닌 것인데 면세로 된 것을 전용하는 것은 부자 간 등에서의 경우에 많이 일어남을 입법조사과정에서 많이 본다. 그것을 반영해서 부전자전이다. 연관어: 부전자전

3) 비교암기: 민사집행법

보전처분은 신속성을 위하여 보전처분의 송달 전에도 집행을 할 수 있다.

-사업자의 개인적 공급에 대해서 부가세를 부과하는 이유는?

최종이유적으로

[최종요해: 부가세는 원칙기본적으로 사업과 관련이 있는 것에 대해서만 공급으로 본다]

[부가가치세법은 사업과 직접 관련된 거래를 과세 대상으로 하기 때문에, 사업과 무관한 사용(개인적 공급)은 과세 대상에서 제외되거나 별도로 처리]
[그래서 개인적 공급은 원래는 사업적인 것으로 보지 않는다]
[그러나 매입세액을 공제받은 경우는 그것이 일종의 특혜이다]
[그래서 그런 경우는 개인적 공급도 과세 대상으로 본다]
[이는 사업자가 재화를 사업 목적으로만 사용할 것을 전제로 매입세액 공제를 받았기 때문]

-사업자가 매입세액을 공제받지 못한 재화를 개인적인 목적으로 사용소비하였다면 그것은 과세 거래가 아니다

최종이유적으로

과세거래는 부가세라는 틀에서 주고 받아짐에 대한 하나의 틀에 집어넣어서 그게 과세거래이니 아니니를 파악하는 것이다. 즉 아주 절대적인 것이 있는 게 아니라 정책의 틀에서 그것을 과세로 잡아넣을것인가 말 것인가에 대한 고민을 담아서 가는 것이다. 그러는 가운데 면세가 나온다. 아마도 처음에 부가세를 만들었던 부가세의 창시자들이 그래도 면세물품까지 부가세를 씌워서 징세상의 괴로움도 그들에게 씌우고 그러면서 가격도 높아지는 것 그거 너무 좀 힘들고 거시기 한거 아니야 하는 생각들을 많이 했다. 그런 고민으로 해서 매입세액을 공제받지 못한 재화라면 개인적인 목적으로 사용했어도 즉 면세업자에게서 받은 재화를 사용해도 그것은 과세거래의 틀로 두는게 아니다.

-자가공급으로 공급의제에 해당하는 것은 면세사업전용, 비영업용소형승용차와 그 유지, 판매를 목적으로 다른 사업장에 반출하는 경우이다: 뒷부분 암기

최종준이유적으로

비영업용+판매목적다른사업장반출-비켜비판텐-자가공급에 대해서 고민하던 입법자는 면세전용 뒤에 나올 것들에 대해서 고민한다. 그러던 중에 고민으로 얼굴에 뭐가 나기도 한다. 괴로움 때문이다. 그래서 비판텐연고를 발라서 좀 얼굴을 진정시킨다. 광고에서 비켜비판텐이라는 것에 대해서 생각하고 말이다.
-사업자가 폐업을 할 때 자기생산 취득 재 화중 남아있는 재화는 자기에게 공급하는 것으로 본다

최종이유적으로

이것은 결국에는 '남아 있으면 너가 어떤 식으로든 소화해서 쓸거잖아' 하는 식의 사고가 깔려져 있다.

-사업자가 자기의 과세사업과 관련해서 취득한 재화(내국신용장에 의해 공급받아 영세율을 적용받음)를 자기의 면세사업을 위해 직접 사용하는 경우에는 과세거래로 본다: 이게 면세전용이다

최종이유적으로

영세율 품목이지만 그게 영세율로 쓰이지 않으면 그것은 과세 거래이다. 그게 면세품목으로 쓰이게 되어도 면세는 부분적이고 정책적이니까 과세를 해야 하는 틀로 들어가는 셈이다.

-사업장별로 신고 및 납부를 하는 2 이상의 사업장이 있는 사업자가 자기 사업과 관련하여 취득한 재화(매입세액이 불공제된 재화에 해당함)를 타인에게 직접 판매할 목적으로 다른 사업장으로 반출하는 것은 재화의 공급에 해당한다

최종이유적으로

지문에서 사업장별로 신고 및 납부를 하는 2 이상의 사업장이 있는 사업자라고 표현을 하면 그 말 자체가 주사업장총괄납부를 하지 않는 사업자라는 뜻을 가지고 있다고 생각하고 접근한다. 그리고 이런 경우이기에 자기 사업장에서 에이에서 비로 가도 그것은 과세거래로 본다. 단 여기서 매입세액공제여부는 따지지 않는게 혹 안 받았다고 해도 그것은 너의 사정이다라는 논리가 적용된다.

4. 공급시기와 공급장소

-재화의 이동이 필요한 경우 재화의 이동이 시작되는 장소를 공급장소로 본다
최종이유적으로

그러기에 오답으로는 재화가 도착하는 장소가 오답으로 나온다. 여기서의 공급이란 결과적 측면보다는 행동적 측면이 강조가 되기에 당연히 이동이 시작되는 장소가 된다. 그리고 사업자 즉 과세도 사업자 주소지를 중심으로 하기에 당연히 공급을 그런 시작되는 곳의 관점으로 보는게 타당하다.

-부가세법상 사업장 판정기준에서 광업은 광업사무소소재지를 기준으로 한다

1) 기본 암기

마이닝 오피스입지 라는 식으로 외래어로 외운다.

2) 최종준이유적 암기

광업-사무소소재지-광무-입법자는 광업사무소소재지를 방문하고 깜짝 놀란다. 아니 여기 고종 때부터 했던데 아닙니까. 그러면 놀랄 수밖에 도대체 시간이 얼마나 된 것인가? 놀랄노자다 관련어-광무:융희

-부가세법상 부동산임대업은 납세지를 그 부동산의 등기부상의 소재지로 한다. 다만 국가 및 지방자치단체가 임대업을 하는 경우와 부동산상의 권리의 대여로 인한 부동산임대업의 경우에는 업무를 총괄하는 장소를 사업장으로 한다: 앞부분 암기

최종이유적으로

그래서 대부분의 부동산을 가진 건물주들이 발행하는 임대업관련 세금계산서는 그 주소가 그 해당 건물로 되어 있다. 이는 아마도 납세의 편의를 위한 측면도 가지고 있다 일일이 찾아다닐게 아니라 그 건물로 가면 되니까 말이다.

-부가세법상 부동산임대업은 납세지를 그 부동산의 등기부상의 소재지로 한다. 다만 국가 및 지방자치단체가 임대업을 하는 경우와 부동산상의 권리의 대여로 인한 부동산임대업의 경우에는 업무를 총괄하는 장소를 사업장으로 한다:앞부분 암기: 뒷부분암기

최종이유적으로

여기서 후자의 부동산상의 권리의 대여로 인한 경우란 전대차 등의 경우를 말한다. 자신이 주도적으로 부동산을 소유 하고 하는 게 아니니 굳이 그 납세지를 소재지로 할 필요가 없어서 이렇게 하는 것이다.

-부동산 매매업을 영위하는 개인의 사업장은 사업에 대한 업무를 총괄하는 장소가 된다. 또한 부동산 임대업을 영위하는 개인의 사업장은 부동산 소재지로 한다. 또한 부동산상의 권리만을 대여하는 경우에는 업무를 총괄하는 장소가 그에 해당한다

최종이유적으로

임대업은 그 부동산의 고유 성질을 활용해서 효용을 사용한다는 측면에서 보면 소재지가 합당하다. 반면에 매매업을 그야 말로 매매만 하는 것이니 사업장은 업무 총괄 장소가 맞다. 그런 논리로 보면 부동산상의 권리만을 대여하는 경우는 그 고유성질의 효용과는 다소 무관하기에 그냥 엄무총괄장소가 맞게 된다.

-무인판매기를 통해서 재화를 공급하는 사업자는 각 설치장소별로가 아니라 업무를 총괄하는 장소를 사업지로 해야 한다.

최종이유적으로

생각해볼 수 있는 후보지 즉 다른 유사한 곳에서 하는 후보지는 무엇이 있는지를 본다. 부동산(자판기)소재지, 또는 업무를 하는 장소, 업무총괄지 이렇게가 된다. 그러나 자판기가 한두개가 아닐 수 있고 그러니 각 업무를 하는 장소는 무인이기에 징수에의 어려움도 있다 그러기에 업무를 총괄하는곳이 됨은 당연하다.

-무인판매를 통해서 재화를 공급하는 사업자는 법령이 규정하는 기존사업장 외에 사업자의 신청에 의해서 추가로 사업장으로 등록할 수 없다
최종이유적으로

이는 앞서 말한 무인이기에 징수에의 어려움도 있다 그러기에 업무를 총괄하는 곳이 됨은 당연하다는 논리가 여기에서도 적용이 된다.

-기획재정부령으로 정하는 이동통신업무를 제공하는 전기통신사업의 사업장은 사업자가 법인인 경우에는 그 법인의 본점소재지이다.

최종이유적으로

이동통신업무라고 하면 재화의 공급이라는 기준으로 보면 왔다갔다 하는 성질이 있을 수 있다 그래서 그야말로 갈피를 못 잡을수 있기에 이렇게 말하는 것이다.

-운수업의 사업장은 개인의 명의로 등록된 차량을 다른 개인이 운용하는 경우 그 등록된 개인이 업무를 총괄하는 장소이다

최종이유적으로

[이는 국세청회신내용이다]
[개인은 업무총괄장소 이고 법인은 법인소재지임이 가장 기본적인 것이다]
[그런데, 법인의 명의로 된 차량을 개인이 운용하면 법인소재지이고
[거기에 비례적으로 맞춰서, 개인의 등록차량을 다른 개인이 운용하면 등록된
[개인의 업무 총괄장소]

-무인자동판매기를 통하여 재화 용역을 공급하는 사업의 경우에는 사업에 관한 업무를 총괄하는 장소외의 장소를 추가로 사업장으로 등록할수 없다(=있지 않다).

최종이유적으로

무인자동판매기의 특성을 보면, 무인자동판매기는 물리적으로 자동화된 기계로 운영되며, 사람의 개입 없이 일정한 장소에서 재화나 용역을 자동으로 제공하는 시스템이어서, 무인자동판매기를 운영하는 사업은 자동판매기 자체가 사업의 주요한 활동을 담당하고, 이를 관리하고 운영하는 장소가 사업장으로 정의된다. 그런데 그게 가까워야 한다. 그래야 문제가 생겼을 때 고객의 불만이 처리가 된다, 그런데 별도의 생뚱맞은 사업장을 인정하면 혼란이 온다.

-계속적 공급에 있어서의 공급 시기는 대가의 각 부분을 받기로 한 때로 본다: 암기

최종이유적 암기

이는 생활상의 암기를 생각해도 된다. 이것은 그야 말로 전기요금 청구시로 보면 된다. 전기요금은 한 달에 한번 청구되지 않는가? 그것을 생각하면 된

다. 좀 더 논리적으로 생각해서 암기를 해본다. 특히 이것은 공급자체를 기준으로 해서 보면 그 자체가 딱딱 끊어지는게 안 된다. 그런데 대가는 그야말로 딱딱 끊어진다. 그래서 대가를 기준으로 해서 보는 것이다.

-사업자가 재화를 법인에 현물출자를 하는 때에는 현물출자로서 이행이 완료되는 때를 공급시기로 본다

최종이유적으로

이 경우에 초심자 때는 이런 생각을 하게도 된다. '아니 현물출자는 뭐 당장에 뭐가 물건을 팔거나 하는 경제활동도 아니고 결국 미래를 위한 것 아닌가?' 하고 생각하게 될 수도 있다. 그러나 세무에서 제일 중요한 것은 실질과세이다. 즉 현물출자를 함으로서 다른 돈으로 때울 일을 대신 해서 경제적 이득 이 바로 경제적 이득이 중요하다. 그런 경제적이득이 생긴 것이기에 이를 공급으로 보게 되는 것이다. 즉 세법이 아닌 세상에서는 이게 '투자'로 보이지만 실질과세와 그로 인한 경제적 이득의 파악이라는 관점에서는 이것은 공급으로 보게 된다.

-재화를 위탁수출 하는 때는 수출재화의 공급가격이 확정되는 시기를 공급시기로 본다

최종이유적으로

이것이 위탁수출에서 오답으로 나올 때는 외국에서 해당 재화가 인도되는 때라고 해서 낸다. 재화가 인도되는 때는 보통의 인도적 거래일 때의 일반시기이다. 그러나 이런 위탁수출은 인도만 했다고 해서 거래가 되는 게 아니라. 최종소비자와의 무엇인가가 되어야 진짜로 거래가 되는 것이다. 그래서 공급가격이 확정되는 시기를 공급시기로 본다. 그야말로 가격이라도 확정이 되어야 과세를 하니 마니 하는 기초가 된다고 보는 것이다.

-현금판매의 경우 재화의 인도일을 재화의 공급시기로 본다

최종이유적으로

(1) 다른 상황과 비교해서 보기

이는 맞는 표현이다. 여기서는 이렇게 출제가 되면 여기에 나오지 않은 현금판매 외상판매 할부판매를 다 끄집어내어서 생각을 해야 한다. 그런 모든 것들이 바로 일반적인 판매의 경우가 되어서 가장 기본적인 시기인 재화의 공급시기를 기준으로 보게 된다.

(2) 취지를 생각해보기

그 속안에 들어있는 취지를 생각해보면 아주 더 명확해진다. 즉 특히 법인세법에서의 익금의 시기는 권리가 확정이 되는 때이지만 부가세는 좀 더 비교가 되는 확정시기가 바로 공급이 확정되는 때로서의 '공급시기'라는 표현을 쓴다. 그야 말로 공급시기이기에 재화의 인도를 중시하게 된다. 그래

서 현금판매의 경우에도 그게 인도시기가 된다. 즉 그러기에 현금판매 뿐만이 아니라 외상판매 그리고 할부판매도 인도시기가 바로 공급시기가 된다.

-재화의 공급으로 보는 가공의 경우 가공된 재화를 인도하는 때를 공급시기로 본다

최종이유적으로

인도를 해야만 하는 즉 재화의 이동이 필요한 경우에는 인도를 공급시기로 본다. 재화의 공급으로 보는 가공은 이 말로서는 재화의 이동이 필요한지 아닌지를 알 수가 없다. 그럴 때는 원칙적인 규정으로 생각하면 된다.

-사업자가 재화의 공급시기가 되기 전에 재화에 대한 대가의 전부 또는 일부를 받고 그 받은 대가에 대하여 세금계산서를 발급하면 그 세금계산서를 발급하는 때를 그 재화의 공급시기로 본다

최종이유적으로

원래는 인도시이기에 대가를 먼저 준다고 해서 그 시기로 앞당겨지지는 않으나 세금계산서를 발급하면 그것은 말이 달라진다. 좀 더 시기가 명확해졌기 때문에 말이다. 그래서 그 때는 세금계산서를 발급한 시기를 그 공급시기의 기준으로 본다.

-공급시기 관련해서 사업자가 재화 또는 용역의 공급시기가 되기 전에 세금계산서를 발급하고 그 세금계산서의 발급일로부터 7일 이내에 대가를 받으면 해당 세금계산서를 발급한 때를 재화 또는 용역의 공급시기로 본다: 취지이해

최종이유적으로

이는 대가를 먼저 받고 세금계산서를 받은 경우와는 대비되는 모습이다. 그 때는 세금계산서를 발부한때가 기준이 되는 모습인데 이 경우에도 세금계산서발부시가 기준이 되지만 이때는 대가를 먼저 받은 게 아니라 아예 세금계산서부터 먼저 발급한 경우임을 명심해야 한다. 그래서 7일이라는 제한도 두는 것이다.

-공급시기 관련해서 사업자가 재화 또는 용역의 공급시기가 되기 전에 세금계산서를 발급하고 그 세금계산서의 발급일로부터 7일 이내에 대가를 받으면 해당세금계산서를 발급한때를 재화 또는 용역의 공급시기로 본다: 7일 암기

최종준이유적으로

1〉 7일 2〉 대가 3〉발급 -박수칠 때떠나라-입법자가 며칠 내로 세금계산서를 발급하고 대가를 받으면 발급 시를 공급시기로 볼 것인가를 고민한다. 그 시기는 발급일로부터 7일내이다. 딱 그때가 박수칠 때 떠나라가 맞는 최

종의 시기라고 생각한다.

PART III. 영세율과 면세

1. 영세율을 이해하기

-영세율은 부가세의 원래 취지 즉 부가가치를 만든 것에 대해서 지분자로서의 정부가 가져가는 세금으로서 이해하면 이것도 쉽다

최종이유적으로

[최종요해: 부가가치를 만든 것에 대해서 지분자로서의 정부가 가져가는 시각으로 보자]
[그리고 담세자와 내는 사람이 다르다는 논리로 보자]
[담세자는 외국사람들이다. 그런데 내는 사람은 수출자다]
[소비지국 과세주의라고 하지만 가실은 수출증진이 목적이 크다]
[우리가 공항에서 보면 택스리펀을 받아가는 외국인들이 있다]
[그들은 원래 그 부가가치를 해외에서 소비를 하니 원리대로면 안 내어도 될 세금 미리 낸 셈]
[그래서 그 안내도 될 그 나라가서 쓸 아이템에 대해서 미리 낸 세금을 받아가는 셈]
[그런데 그게 아니고 해외에 수출을 해버린 업체는 영세율을 적용해서 부가세 안내게 함]

-소비지국과제주의의 이해

최종이유적으로

[최종요해; 소비지국 과세주의는 부가세는 소비를 하는 국에서 과세를 걷어 간다는 주의]

[역으로 이야기하면 소비하지 않는 국에서는 과세를 하지 않겠다는 주의]

[즉 부가가치가 만들어 진 것은 한국이지만 소비가 외국에서 되면 과세 안 한다는 주의]

[그래서 택스리펀도 성립, 너의 나라가서 소비할 거면 부가세 안 매긴다는 주의]

2. 영세율의 적용대상

-영세율을 하는 이유는 소비세국주의 때문이다

최종이유적: 소비세국주의

소비세국주의를 한다는 것이 잘 와닿지 않을 수도 있다. 만약에 같은 물건인데 이것을 생산지세법주의로 하면 한나라에서 소비를 할 때 그 물건이 어디서 생산이 되었는가에 따라서 부가세의 크기가 달라져서 그 물건값에 왜곡이 올수 있다. 그래서 소비세법주의 소비세국중의를 한다.

-영세율해당자도 납세의무자이다

최징이유적: 영세율의무자는 면세와 달리 납세의무자이다.

이것을 위우기 위해서(간단해도 헷갈려서 잘 안외워진다) 1)영세율+2)의무자+3)의무자를 해서 외운다. 그래서 영세중립국 스위스를 먼저 놓고 생각한다. 그래서 스위스 영토안에서 (지도를 생각하라) 의무병이 치료를 위해서 우뭇가사리를 들고서 약용식품으로 쓰는 것을 생각한다. 외국인들은 워낙 베지테리언이 많은 지라 우뭇가사리는 천혜의 음식이다.

-외화를 획득하는 재화 또는 용역의 공급으로서 국내에서 국내사업장이 없는 비거주자 또는 외국법인에 공급되는 재화 또는 사업에 해당되는 용역으로서 그 대금을 외국환은행에서 원화로 받거나 기획재정부령으로 정하는 방법으로 받는 것에는 영세율을 적용한다

최종이유적으로

원화를 받거나가 아주 중요한 포인트가 된다. 나머지는 다 외울 필요가 없이 아 외화를 버는데 그 상대가 완전히 외국사람인가 보다 라는 식의 관념만 가지면 된다.

-영세율첨부서류를 제출하지 아니한 경우에도 영세율적용대성임이 확인되는 때에는 영의 세율이 제공된다. 단 이 경우 영세율과세표준신고불성실가산세는 적용된다: 암기

최종이유적으로

이것은 면세와는 달리 영세율이 의무자이기에 이런 식의 논리가 성립이 된다고 생각하면 된다.

-항공사업법에 의한 상업서류 송달용역은 영세율이 적용된다

최종이유적으로

꼭 눈에 보이는 수출이 아니어도 항공기가 사람을 태우고 가면 그것도 수출로 보듯이 상업서류도 태우고 가면 수출로 보는 것과 같은 이치이다.

3. 면세

-면세의 포기를 신고한 사업자는 신고한 날로부터 3년이 지난 뒤 부가가치세를 면제받으려면 면세적용신고서를 제출해야 한다

최종준이유적으로

면세-포기-다시면세-3년-포삼-마리포사-입법자는 마리포사브랜드가 면세를 포기했다가 다시 신고한 사례 정황을 파악한다. 그러면 아 삼년이 지나야 이게 신청이 가능하게 해야 하는게 맞구나.

-면세포기를 하면 면세포기를 한 사업자가 사업을 양도한 경우 면세포기의

효력은 사업을 양수한 자에게도 승계된다

최종준이유적으로

1)면세포기 2)승계 3)승계-포승 :수갑-입법자는 이런 면세포기가 하나의 포승이나 수갑과 같이 사람을 특히 개인사업자 같은 사업자를 얽매는 효과가 있다고 본다. 승계되는 것을 보고 말이다. 연관어-포승:수갑

-영세율 적용대상인데도 면세포기의 신고를 하는 경우는 왜 그런가?

최종이유적으로

영세율 적용 대상이지만 면세포기 신고를 하는 경우는 특정한 사정이나 사업자의 선택에 따라 발생한다. 첫째는 세액 공제 및 환급을 받기 위한 선택이다. 또 하나는 매출세액보다 매입세액이 많은 경우가 그에 해당하기도 한다.

-면세농산물을 수출하는 사업자가 면세포기를 하여 해당농산물에 대하여 영세율이 적용되는 경우 수출을 위하여 당초매입한 면세농산물에 대하여 의제매입세액공제는 가능하지 않다. 그 이유는?

최종이유적으로

면세포기 후 영세율 적용 시 의제매입세액공제를 할 수 없는 이유는 면세상태에서 이미 세액이 부과되지 않았기 때문에, 그 세액에 대해 공제할 수 없기 때문이다. 즉 이미 면세로 세금을 안내는 특혜를 받았는데 영세율을 한다고 안 냈던 세금을 낼 것으로 해서 의제매입세액공제를 받을 수는 없다는 것이다. 의제매입세액공제는 주로 농산물을 재료로 하여 가공하는 사람들에게 적용이 되는 것이다.

-면세는 부분면세이다

최종이유적으로

영세율과는 달리 최종단계에서만 부가세 면세를 하고 가는 것이라서 부분면세라고 한다. 반면에 영세율은 그야말로 세율을 싹 0으로 해버리는 완전면세이다. 그래서 그로 인한 혜택은 수출업자 너가 다 가지고 가 하는 식의 논리이다.

-주택의 임대용역은 모두 면세대상이다

1) 기초암기: 유음화에 의해 암기

틀리게는 국민주택규모이상이냐 이하냐 같은 식으로 나눠서 제시를 하기도 한다. 이를 암기하기 위해서는 유음화를 이용한다. 그래서 수택 묻은 세면을 먹으면서 입대를 한다고 생각한다. 수타짜장이나 수타우동을 먹고 입대를 하나 보다. 그것도 엄마나 주인장의 손때 즉 수택이 묻은 것을 바탕으로 말이다.

2) 최종준이유적 암기

주택+임대+모두+면세=주면/임면 /주모-주모여기국밥한그릇말아주오-입법자는 주택의 임용역에 대해서 전부면세를 하려고 한다. 그 취지는 소박한 민심에서 유래한다. 역사적으로도 말이다. 주모 여기 국밥한그릇 말아주오. 그런 식의 마음말이다. 연관어-주모여기국밥한그릇말아주오

-무연탄과 연탄은 면세이지만 유연탄은 면세가 아니다

최종이유적

일단 개념부터 알아야 한다. 여기서의 연은 연기를 의미한다. 그래서 무연탄은 연기가 적은 탄이다. 가정에서 쓸 때 연기가 많이 나면 어떻게 써먹겠는가? 그렇게 생각하면 된다. 반대로 유연탄은 사전에 보면 탈 때 연기가 나는 석탄, 갈탄, 역청탄 따위가 있다고 적혀져 있다. 그래서 유연탄은 연기가 많이 나는데 그래서 이것은 공업용으로 쓴다 그래서 이것은 면세가 아니다. 산업용 공업용이다.

-외국에서 수입된 관상용 동물은 면세가 아니다

최종이유적

외국이냐 내국이냐 거기에 관상용이냐 아니냐의 두가지 요소가 다 관건이 된다. 그래서 두가지가 다 까칠하게 즉 외국이면서 관상용이라면 면세가 아니라 과세가 된다. 그래서 그것이 아닌 모든 요소들은 다 면세가 된다. 즉 외국수입이라도 식용이라면 역진세 방지를 위해서 면세가 된다.

-주무관청의 허가를 받지 않은 학원의 교육용역은 면세가 아니다

최종준이유적으로

이를 외우기 위해서는 학원은 면세를 받기 위해서는 반드시 허가를 받아야 한다고 해서 외우는게 좋다. 그래서 1)면세 2)허가 3)학원=에스지원허비. 입법자는 학원은 반드시 허가를 받아야 한다고 생각하고, 그게 실현이 되는 모습이 바로 에스지워너비멤버들이 그래도 정상적인 학원을 거쳐서 사회적으로 성공했다고 생각한다. 관련어-에스지원허비

1. 과세표준

-공급받는 자에게 도달하기 전에 파손 훼손 멸실된 재화의 가액은 공급가액에서 포함되지 않는다

최종이유적

공급가액은 그야말로 자신에게 최종적으로 부가가치적 일을 하기에 도움을 받은 것이어야 한다. 그런데 중간에 파손 훼손은 해당 사람의 과실과는 무관하게 날아간 것이다. 그래서 그것은 제외한다.

-과세표준관련해서 공급에 대한 대가를 약정기일 전에 받았다는 이유로 사업자가 당초의 공급가액에서 할인해준 금액은 과세표준에 들어가지 않는다

최종이유적

이를 잘 판단하기 위해서는 이자에 대한 사고를 가지고 중심을 잡는게 좋다. 즉 이자는 과세가액에 포함한다. 그렇다면 이자를 감안한다는 것은 할인을 해준 것도 인정을 해야 한다는 것이다. 역으로 말이다. 그러기에 이는 과세표준에 들어가지 않는다. 즉 감한 것을 인정해서 표준에 들어가지 않는다고 해석하면 편하다. 공평하다.

-사업자가 재화 또는 용역을 공급받는 자에게 지급하는 장려금 및 대손금액은 과세표준에서 공제하지 않는다

최종이유적

장려금은 공급가액과는 무관하게 결정되는 전혀 무관한 계산 개념이라서 여기에 전혀 관여를 시키지 않는다는 의미가 된다. 대손금액은 공급과 무관하게 나오는 개념이라서 안 된다는 것이다. 다만 단서적으로 공급받는자의 파산으로 수취하지 못한 부가세액은 대손으로 인정을 해준다.

공제하지 않는다로 끝나기에 부정적으로 본다. 그래서 여기서 장려금은 음가가 비슷한 장롱면허 같은 것으로 본다. 그 취지를 생각하면 장려금은 그야말로 장려의 목적이고 그것은 이런 부가세의 측면과는 다른 측면에서의 문제라고는 보는 것이다.

-거래상대방으로부터 인도받은 원자재 등을 사용하여 제조 가공한 재화를 공급하거나 용역을 제공하는 경우 해당 원자재 등의 가액은 공급가액에 포함하지 않는다

최종이유적

원자재는 이 상황에서 공급받는 자가 주고선 그것을 가지고 가공을 한 것이라서 그야 말로 중간에 그만큼이 빠지는 돈이다. 그러기에 그것을 공급가액에 넣어서는 곤란하다. 다만 재화 또는 용역을 제공하고 그 대가로 원자

재를 받으면 그 경우에는 공급가액에 포함한다. 그것은 마치 화폐와 같은 거래수단으로 작용을 했기에 앞서의 경우와는 전혀 무관하기 때문이다.

-토지 기계장치 건물 이렇게가 같이 출제가 되어서, 자산양도와 관련한 부가세과세표준을 다뤄라 하는 문제가 나오면 토지가 면세라는 것을 염두에만 두지 뭘 어떻게 해야 할지 다소 우왕좌왕할 수 있다: 해결

최종이유적

이때 일단 토지가 면세라는 점 외에 또 하나의 포인트는 기계장치는 토지나 건물과는 달리 기준시가라는 게 존재하지 않는다는 점이다. 그 두 개를 포인트의 시발로 한다.

-위탁가공무역방식으로 수출하는 경우 완성된 제품의 인도가액을 과세표준으로 한다. 그런데 그러면 너무 과세표준이 커지는거 아닌가?

최종이유적으로

이는 영세율이 적용되기에 과세표준이 커져도 크게는 지장이 없다. 또한 물품에 대해서 매입세액공제가 적용되기도 한다.

2. 대손세액공제

-대손세액공제는 공급하는 자가 받는 것이다 이게 자주 헷갈린다

1) 공급하는 자가 대손공제를 받는다

즉 대손은 공급을 한자가 대금을 받아야 하는데 돈을 줘야 할 공급받은자가 시원찮아서 돈을 지급하지 못한 경우가 된다. 그러기에 분명히 공제는 좋은 의미이니까. 공급은 했는데 그래서 낼 부가세가 있을 줄 알았는데 대금을 받지 못해서 공제를 해주는 것이 대손공제이기에 대손공제를 받는 사람은 분명히 공급하는 자이다

2) 그런데 왜 표현이 혼동되게 나오는가?

그럼에도 불구하고 혼동되게 표현이 나오는 이유는 공제를 받은 만큼의 쌍대적으로 공급받은 자도 자신의 매입세액에서 그 만큼을 빼야 한다. 마치 거울처럼 말이다. 그러다 보니 그것을 표현하기 위해서 사람들이 혼동되게 등장하고 나오게 된다.

-대손세액공제에서 공급받은 자가 대손세액상당액을 빼지 않아서 공급받은 사업자의 관할세무서장이 이를 경정하는 경우 신고불성실가산세와 납부지연가산세를 적용하지 않는다

최종이유적

이는 맞는 지문이다. 여기서 조심을 해야 할 것은 대손세액공제세액상당액이지 대손액이 아니다. 대손은 공급하는 자가 받는 혜택이고 그 상당액은 그 대손의 금액만큼을 공급받는 자가 빼는 것이어서 이 지문은 맞는다. 이런 상황은 아주 예외적 상황이고 고의가 있거나 하는 나쁜 상황이 아니기에 신고불성실가산세와 납부지연가산세를 적용하지 않게 되는 것이다.

3. 전체 일반

-토지 기계장치 건물이 같이 나오면서 기계장치이 기준시가가 불분명하다는 식의 문제는 일단 분명하지 않다고 하는 기준시가 부분을 먼저 빼서 계산한다

최종이유적

토지 기계장치 건물이 같이 나오면서 기계장치이 기준시가가 불분명하다는 식의 문제는 일단 분명하지 않다고 하는 기준시가 부분을 먼저 빼서 계산한다. 그런 후에 다시금 분명하 데이터가 잇는 부분들을 안분해서 계산한다.

PART V. 세금계산서와 영수증

1. 세금계산서와 전자세금계산서

-전자세금계산서를 발급하였을 때는 전자세금계산서 발급일에 지체없이 전자세금계산서 발급명세를 국세청장에게 전송하여야 한다

최종이유적

이 말은 실무를 많이 아는 사람에게는 좀 쉽게 다가오는 내용인데 공부만 한 젊은 서생들은 다소간 어색할 수 있다. 세금계산서를 전자로 발행하면 같이 명세서 즉 거래 명세서를 만들어서 보내게 되어 있다. 다만 본질은 계산서이고 명세서는 부수이다 보니 당연히 뒷전으로 간다. 그래서 다음날까지 보내라고 명시하는 것이다.

-전자세금계산서를 발급하여야 하는 사업자가 아닌 사업자도 전자세금계산서를 발급하거나 전자세금계산서 발급명세를 전송할 수 있다

최종이유적

이는 전자세금계산서의 사용이 의무자에 한하지 않고 자기가 원하는 사람은 자신의 신청에 따라서 가능하다는 의미이다.

-직전연도의 사업장별 재화 및 용역의 공급가액의 합계액이 1억원 이상인 개인사업자는 전자세금계산서를 발행해야 한다

최종준이유적

직전연도 1억 원 이상 개인사업자 전자세금계산서-일전-일전을앞두다-입법자는 개인사업자입장에서 매출이 일억을 넘었다고 해서 전자로 꼬박꼬박발행해야 하는 상황을 마치 일전을 앞둔 상황이라고 생각을 한다. 그 마음이 이해가 간다고 생각한다. 연관어-일전을앞두다

-전자세금계산서 발급명세 전송기한이 지난 후 재화 또는 용역공급에 대한 공급시기가 속하는 과세기간에 대한 확정신고기한까지 국세청장에게 전자세금계산서를 발급하는 경우에는 그 공급가액의 0.3퍼센트를 납부세액에서 더하거나 환급액에서 제한다

확정신고기한 지연발급 영점삼 다시 이것을 줄여서 기한 지연 점삼 으로 해서 외우자: 생활 속에서 외우자. 이기한 꽁지연 점삼샤프펜슬: 이기한은 꽁지연에 점삼샤프펜슬로 해서 아주 악착같이 쓴다. 스피커는 기안84이다 (그가 이기한은 실제로 아니다) '샤프쓸거에요'

노래로 해서 원숭이 궁둥이는 빨개를 가지고 연합해서 좀 외우.자

-전자세금계산서 관련해서 관할세무서장은 개인사업자가 전자세금계산서 의무발급 개입사업자에 해당하는 경우에는 전자세금계산서를 발급해야 하는 날이 시작되기 1개월 전까지 그 사실을 개인사업자에게 통지하여야 한다

최종준이유적으로

전자 날이 일월: 전일-전일본공수-입법자는 개인사업자가 전자세금발급대상에 속하는 경우에는 전자세금계산서 발급해야 하는 날이 시작되기 1개월전까지 그 사실을 냉큼 통보를 해줘야 한다고 본다. 그런 냉큼을 위해서는 마침 일본에서 출장 후 귀국길에 오른 입법자는 다소 관료적이고 느리다는 평가를 받는 일본항공 잘 jal 보다는 전일본공수가 더 낫다고 판단한다. 연관어-전일본공수

-대리인에 의한 판매의 경우에 세금계산서는 본인의 이름으로 하고 대리인의 등록번호를 덧붙여적어야 한다

최종준이유적으로

대리인의 번호를 덧부쳐여서-번덧-번들:묶음-입법자는 대리인 판매의 경우에 세금계산서에 명의랑 어떻게 할지 고민을 한다. 결국 이것들이 묶어줌의 문제 아닌가 즉 번들의 문제아닌가 그러면 대리인은 등록번호를 덧붙이라고 해야겠다고 생각한다. 연관어-번들:묶음

-간주임대료제도는 아주 특이한 제도임을 알아야 한다

최종이유적으로

간주임대료제도는 그냥 배우고 공부할 때는 그려려니 한다. 왜? 그래도 보증금 만큼의 것이 임대료랑 비슷한 효과가 있다면 그렇게 해서 차임을 매겨야지 하면서 생각을 하게 되니까 말이다. 그러니 거기까지는 크게 무리가 없다. 보통의 실무에서도 보증금은 낮추고 월세는 올리고 하는 게 많이 있으니 말이다. 문제는 그다음이다. 월세를 받을 때는 그 월세에 대해서 부가세 별도 그래서 부가세를 임차인이 부담하게 되어 있다. 그런데 이 보증금을 받은 것은 그 이자 만큼에 대해서 임차인보고 그것도 내라 그럴 수가 없다는 것이다. 거래관행상 말이다. 그래서 이게 바로 아주 특이한 제도가 된다.

그럼 누가 내? 일단 그 보증금을 수하에 두고 있는 임대인이 부담을 하게 한다. 아주 특별한 경우는 임차인이 내지만 말이다. 그런데 누구는 이렇게 생각할 수도 있다. 아니 그러면 임대인이 내면 아주 불리한 거 아닌가? 하고 말이다. 그런데 어차피 사업자라면 부가세를 내고 환급 받는 가운데에서 부가세는 지나가는 돈으로 여겨지기에 자신이 부가세를 낸 것으로 하지 않고 나중에 결국에는 쌤쌤이로 생각하게 된다.

좌우지간 그런 과정을 겪으니까 세금계산서를 발급을 하지 못하게 한다. 일반적으로 부가세가 공급하는 자와 공급받는 자가 수수하는 구조와는 다르니까 말이다. 그리고 임대인이 부담하면 임대인의 손금으로 해서 처리를 한다. 임차인이 부담하면 임차인이 손금일터인데 말이다. 법인세 상에서 말이다.

-자연수취의 개념도 시험에 자주 나오니 숙지를 해야 한다

최종이유적으로

자연수취란 전자세금계산서 의무발급 사업자로부터 전자세금계산서외의 세금계산서를 발급받았으나 재화 또는 용역의 공급시기가 속하는 과세기간에 대한 확정신고기한까지 발급받았고 그 거래 사실도 확인되는 경우 해당 매입세액을 공제하는 것을 말한다. 즉 전자를 해야 하는데 전자를 하지 않고 자연수취를 하는 경우에 대해서 말한다.

2. 세금계산서 발급의무면제

-미용업을 영위하는 일반과세자가 미용용역을 제공하는 경우에 세금계산서 발급의무가 면제된다. 이때는 공급받은 자가 사업자등록증을 제시하면서 세금계산서 발급을 요구해도 세금계산서를 발급할 수 없다

최종이유적으로

이는 업종 업태를 봐야 한다. 이것과 역으로 평가가 되는 즉 공급받는 자가 사업자등록증을 제시하면서 세금계산서 발급을 요구하면 해줘야 하는 업종인 소매업 음식점업 숙박업은 그게 다음 부가가치를 만들어 냄에 원동력으로 작용이 된다고 자체 판단하고 세금계산서요구를 하는 것이다. 그러나 반대로 이 업종 즉 미용업 같은 것은 그런 원동력으로 작용할 여지가 없다고 법은 판단을 하고 못을 박은 것이다. 이때는 공급받은 자가 사업자등록증을 제시하면서 세금계산서 발급을 요구해도 세금계산서를 발급할 수 없다. 이 경우에는 미용업이 그 공급을 받는 자가 거의 최종소비자로 보기에 그렇다.

그러니 이것을 가지고 다시 부가가치를 생산하는 공급이 있을 수 없다고 보기에 이때는 세금계산서 발급을 요구해도 해주지 못한다 내지는 해줘서는 안 된다는 것이다.

-소매업을 영위하는 일반과세자가 미용용역을 제공하는 경우에 세금계산서 발급의무가 면제된다. 그러나 이때는 공급받은 자가 사업자등록증을 제시하면서 세금계산서 발급을 요구하면 세금계산서를 발급해야 한다

최종이유적으로

미용업 같은 경우는 업종의 성실상 그게 최종의 형태이지만 소매업은 그것을 받은 공급받은 자가 다시 재가공이나 기타 다른 모습으로 추가적 부가가치 형성이 가능하기도 한 상황이 가능하기에 이때는 세금계산서 발급을 요구하면 해주라고 하는 것이다.

-미용업을 영위하는 일반과세자가 미용용역을 제공하는 경우에 세금계산서 발급의무가 면제된다.

최종이유적으로

앞에서 아주 자세히 설명을 했다.

-소매업 또는 미용, 욕탕 및 유사서비스업을 경영하는 일반과세자는 공급받는자가 세금계산서의 발급을 요구하더라도 세금계산서 발급의무가 면제된다: X

이런 식으로 함정지문으로 나온다. 즉 그게 가능한 소매업을 쓱 끼워넣어서 출제가 되는데 그러면 틀린 지문이 되는 것이다.

3. 매입자발행세금계산서 및 수정세금계산서

-세금계산서 교부의무가 있는 일반과세자로부터 재화를 공급받은 사업자는 면세사업자와 간이과세자를 다 포함해서 공급하는 자가 세금계산서를 발급하지 아니하는 경우 매입자발행세금계산서를 발행할 수 있다

최종이유적으로

취지를 생각하면 〈1〉부가세관계를 명확하게 하려는 국가적 요구와 〈2〉확실하게 거래관계에 증빙을 하려는 간이과세자나 면세사업자 모두에게 포함이 되는 논리이다.

-매입자발행세금계산서를 발행하려는 자는 거래건당 공급가액이 5만원 이상인 거래에 한하여 해당 재화나 용역의 공급시기가 속하는 과세기간의 종료일부터 1년 이내에 신청인 관할 세무서장에게 과세거래 사실의 확인을

신청하여야 한다: 개정

1) 기초 암기

이는 유음화로 해서 외운다. 매립자는 물리개념으로서 심마니가 십만으로서 등장하고 윤달에 신청이 되어야 한다. 그래서 매립자가 묻은 산삼을 심마니가 윤달에 발견한다고 보자.

2) 최종준이유적
매입 오만 일년: 오일러의 정리-입법자는 모든 기재적인 것들이 즉 재정적 기획재정부적인 것들은 다 수학적인 큰 뜻도 품고 간다고 생각한다. 그래서 오일러의정리를 매입자발행세금계산서 같은 새로운 기획재정적 제도에 쓰인다고 생각한다. 연관어-오일러의정리

-사업자가 세금계산서 발급후 필요적 기재사항 등이 착오로 잘못 적힌 경우에는 처음 발급한 세금계산서 내용대로 수정발급 할 수 있다. 단 과세표준과 세액을 경정할 것을 미리 알고 있는 경우에는 수정세금계산서를 발급할 수 없다

최종이유적으로

이게 맞는 지문으로 나온다. 특히 단서 부분이 문제인데 이렇게만 적어 놓으면 참으로 어렵고 난감하기 그지없다. 더욱이 〈1〉경정이야기는 왜 나오는 것이고 〈2〉 그것을 미리 알고 있는 경우라는 게 도대체 뭔가 라는 생각도

들고 그리고 그래서 〈3〉왜 수정세금계산서가 안 된다는것인지 말이다. 그런 세가지가 이해가 잘 안 온다. 그런데 그 답은 그렇다. 일단 이 말 뒤의 세부항목 조항의 설명이 빠져있다. 그 세부 항목조항은 〈1〉경정이 될 만한 일들이 생길 사유가 나열이 되어 있다. 예를 들면 세무조사 또는 소명요구 등이다. 그야 말로 세무서에서 그렇게 절차를 진행해서 납세자인 당신이 뭘 잘못했는데 우리가 알아보고 따져보고 있는 중인데 이제 와서 그것을 막 수정이라는 너무나도 허탈하고 간단한 양식으로 고치지는 말라고 하는 것이다. 왜 사람을 뺑이 돌리게 하는가라는 것이다.〈2〉그래서 미리 안다는 것은 그런 절차의 진행에 대해서 이야기를 하는 것이다. 〈3〉그래서 수정계산서의 간단한 형식으로는 되지 않음에 대해서 말하고 있는 것이다. 이렇게 정확히 보면 그 조문 그대로 해석이 잘 된다.

-세금계산서를 발급한 후 처음 공급한 재화가 환입된 경우 재화를 처음 공급한 날을 작성일로 적는 게 아니라 환입된 날을 작성일로 적고 비고란에 처음 세금계산서 작성일을 덧붙여 적고 붉은색 글씨로 쓰거나 음의 표시를 하여 수정세금계산서를 발급한다

최종이유적으로

즉 환입은 새로운 사실이 발생한 것이기에 그 사실의 날짜를 기록하는 게 중요하다는 의미로서 받아들이면 된다

4. 일반

-전자세금계산서 발급명세 전송기한이 지난 후 재화 또는 용역의 공급시기가 속하는 과세기간에 대한 확정신고기한까지 국세청장에게 전자세금계산서 발급명세를 전송하는 경우 그 공급가액의 0.3퍼센트를 납부세액에 더하거나 환급세액에서 뺀다

기한 점삼 : 기안84
절규내용: 정상까지 가야해: 나혼자산다의 도전내용

PART VI. 매입세액의 계산

1. 의제매입세액

-의제매입세액을 인정하는 이유는?

최종이유적으로

[최종요해적으로
면세 농산물은 부가가치세법에 따라 매입 단계에서 부가가치세가 부과되지 않음]
하지만 이를 가공하거나 제조해 과세 재화(예: 가공식품)로 판매하면 매출세액은 부과]
이 과정에서 매입 단계에서 공제받을 매입세액이 없기 때문에, 제조업자가 최종 매출세액 전부를 부담하는 구조가 형성된다.]
[또한, 농·축·수산업의 보호 및 유통 촉진]
농산물, 수산물, 축산물은 1차 생산물로 면세 대상
[이러한 재화를 원재료로 사용하는 가공업체는 원가 상승으로 인해 경쟁력이 저하]
[의제매입세액 공제를 통해 가공업체가 부담하는 세금을 줄여 농어업 생산물의 유통과 소비를 촉진]
이는 농어업 및 관련 산업의 활성화로 이어지는 긍정적인 경제적 효과를 기대]

-의제매입세액에서 외국에서 수입한 농산물도 의제매입세액공제의 대상이 된다

1) 기본 암기

외국판결로 수입한 농산물도 회담의제로서 넣어서 고민하고 생각하는 게 가능하다. 그렇게 긍정적으로 외우자.

2) 최종준이유적

1)의제매 2)외국농 -의외의일승-입법자는 의외의 경우가 있을 수 잇다고 본다. 그래서 외국농산물도 어찌될지 모르니 일단 의재매입세액공제로 인정해주자는 생각에서 그런게 의외의 일승을 갖고 온다고 믿는다. 연관어-의외의일승

-면세농산물 관련 과세표준이 2억원을 초과하면 55퍼센트의 적용률을 받는다

1) 유음화로 암기

이를 유음화명사로 외우게 되면 2억+55+의제매입으로 해서 외운다. 이역만리까지 와서 일하는데 종이잼에 오오 하고 신세한탄을 한다고 생각하자. 또는 오오우 예스 하고 오예스 과자 퍼센트 경우라고 외워두자.

2) 최종암기

농산 이억 오오: 역사로 통해서 암기한다: 오오열열(몹시슬퍼울음) 농산정

(창덕궁안정자) 이억부득(달리변통할도리가없다): 이순신이 운명하는 순간의 이억기가 절규자이다

절규자는 이억기(이순신도움): 이억부득'달리변통할도리가없다', '너무 슬프다'

절규내용: 조롱산지켜야해: 조롱산(홍성)

평가: 오오열열한 이순신장군의 찐부하장군

-면세사업을 위하셔 사용소비 또는 기타의 목적을 위하셔 사용되거나 소비되는 경우에는 의제매입세액공제를 적용하지 아니하며 적용된 의제매입세액은 추징된다

최종이유적으로

여기서 의제매입세액은 제대로 앞으로 과세사업을 통해서 부가세를 잘 내겠다는 약속에 대해서 세무당국이 감사의 표시로 주는 은혜인데 그것을 면세에 쓰지 않으면 뒤통수를 치는 셈이 된다. 그래서 추징도 한다.

-매입부대비용은 의제매입세액공제의 대상이 아니다

2. 매입세액의 계산 일반

-매출채권중 대손이 확정된 금액 및 대손이 확정된 매출채권 중 회수한금액과 관련된 부가가치세액은 부가가치 매출세액에서 가감하는 대손세액이다

최종이유적으로

대손으로 처리 즉 대손으로 인정을 하거나 아니면 대손으로 했다가 다시 갚는다던지 해서 대손과 관련된 매출 매입세액이 변동이 생긴다

[핵심요약: 매출과 매입부분을 확실히 구별해서 생각할 필요가 있다]
[특히 이 부분을 해설하면서 공급하는 자가 처리를 했는지 공급받는 자가 처리를 했는지가 중요]
[중요한데 말이 너무 길어지면 안 되기에 누가 하는지를 좀 줄여서 보여주는 경우가 많다]
[그래서 그것을 더욱 조심해야 할 이유가 있다]
[설문처럼 매출세액애서 가감한다고 하면 공급을 했던 당사가 대손으로 처리를 한 것이다]
[그래서 변제나 회수 이야기가 나오면 우리가 변제를 받거나 회수를 한경우이다]
[아니면 공급하고선 못받을거 같아서 대손으로 처리된 것이다]

-토지의 공급이나 형질변경 등에서는 매입세액공제를 받지 못한다

최종이유적으로

토지의 공급업 자체가 면세이기에 매입세액을 매기지 못하게 되는 것이다. 즉 나중에 토지를 팔 때 면세로 처리하는데 그 전에 토지에 들었던 비용에 대해서 부가세를 매겨서 매입세액공제 등을 해주면 다른 면세재화를 팔 때 매입세액공제를 해주지 않는 것과 형평성이 맞지 않는다. 그래서 매입세액공제가 되지 않는다.

-골프장 토지 소유자가 골프코스를 조성하기 위하여 지출한 정지비에 대한 부가가치세는 매입세액으로 공제받을 수 없다

최종이유적으로

토지랑 관련되어서 나오는 것들과의 비슷한 기조로 처리한다. 즉 토지의 공급업 자체가 면세이기에 매입세액을 매기지 못하게 되는 것이다. 즉 나중에 토지를 팔 때 면세로 처리하는데 그 전에 토지에 들었던 비용에 대해서 부가세를 매겨서 매입세액공제 등을 해주면 다른 면세재화를 팔 때 매입세액공제를 해주지 않는 것과 형평성이 맞지 않는다. 그래서 매입세액공제가 되지 않는다.

-세법에 규정된 접대비 및 이와 유사한 비용의 지출에 관련된 매입세액은 공제가 가능하지 않다

최종이유적

접대비로 쓰는 것들은 그게 새로운 부가가치를 만드는데 기여하는 게 아니라 거기 즉 그런 접대를 하는 시점이 최종소비자의 관점이기에 따로 매입세액공제를 통해서 혜택을 주는 것은 아니라고 봐야 한다.

-자매 결연을 맺은 고아원에 보내기 위해 사업과 관련 없이 장난감을 구입하면서의 공급가액에서는 매입세액 공제를 받지 못한다: 특히 이것을 법인세에서 나오는 내용과 구별해야 한다

이는 최종소비자로서 사용한 셈에 해당하기 때문이다. 특히 이것을 법인세에서 나오는 내용과 구별해야 한다. 즉 이것을 법인세에서 기부금으로 쓰는 파트와 헷갈려서 하면 안 된다. 지금 이야기가 나오는 부분은 부가세에 대한 것이다. 결론적으로 업무무관하면서 그게 접대비등으로 결론이 나버리면 그것은 매입세액공제가 되지 않는다.

-종업원 식대를 지급하고 간이과세자로부터 신용카드매출전표를 수령하였다 이때는 매입세액공제가 안 된다

최종이유적으로
업종자체가 세금계산서를 발행하지 못하는 업종이다. 최종소비자성이 크기에 말이다 그래서 이런 경우는 매입세액불공제가 된다. 신용카드매출전표를 수령해도 마찬가지이다.

-개인사업자의 경우 관할세무서장은 제1기예정신고기간분 예정고지세액에 대해서 4월1일부터 4월 10일까지의 기간 이내에 납부고지를 발부해야 한다

최종준이유적으로

개인-부가세-예정-사월일일-사월십일-사심-사심관제도:기인제도-입법자는 그런 부가세의 예정납기간납부 고지도 사람들에게 분명 특히 개인에는 마음에 인질과 같은 부분이 있다고 생각한다. 그래서 그것은 과거의 역사속의 사심관과 같은 인질기능이 있다고 생각한다. 연관어-사심관: 기인제도

-사업자가 사업 설비를 신설 취득 확장 또는 증축하는 경우 조기환급은 세법상 감가상각자산에 한하여 환급받을 수 있다.

최종이유적으로

세법상 조기환급은 감가상각자산에 한정되는 이유는, 이러한 자산이 사업 활동에 필수적이고 지속적으로 사용되며, 장기적으로 부가가치세의 부담을 분산시키기 위해 환급이 이루어지기 때문이다.

-의제매입세액의 대략적 이름만 익숙하지 무슨 로직으로 어떻게 이끌고 갈지에 대해서 자신이 없다.

말 그대로 원래는 매입세액이 아닌데 인정해서 간다는 식의 개념만 알지 어떻게 접근해서 어떻게 해야 하는지에 대해서 자신이 없다. 즉 의제매입세액이 어떻다 저떻다 하면 뭐를 어떻게 전진을 시켜야 하는지에 대해서 자신이 없다.

-의제매입세액이 시험에 나오면 뭐뭐가 나오는지에 대해서 자신이 없다.

의제매입세액에 대해서 이름만 익숙하지, 무슨로직으로 어떻게 이끌고 갈지에 대해서 자신이 없기에 뭐뭐가 시험에 나오는지도 좀 몰라 한다. 세액계산이 나오는지? 그것에 따른 파급적 세액 계산이 나오는지 등을 몰라 한다.

-조기환급에 대한 이야기가 여기에 시험에 나올수 있는데 그게 영세율과 바로 연결이 되는지를 몰라한다

조기환급에 대한 이야기가 이따금씩은 시험에 나온다. 그래도 그게 영세율과 관련해서는 당연히 연결이 되어야 한다. 면세와는 달리 영세율은 매입세액 공제를 받으니까 말이다. 그런데 그게 처음에는 잘 감이 안 오다가 나중에 되어서 면세와의 구별이 되면서 좀 더 감이 오게 된다.

-조기환급의 경우 환급세액은 조기환급 관련신고기한이 지난 후 15일 이내에 환급해야 한다

최종준이유적으로

조환+기한+십오-여왕왕비들
조기/조환-조한나더메드(카스티야, 생애후반정신질활)
기한 -기황후:기철
십오-시바여왕

PART VII. 겸영사업자

-겸영사업자에서 매출과 매입을 다르게 취급하는 것은 세금계산서 발행시점 세금계산서 수령시점을 생각해보면 논리적으로 답이 나온다

최종이유적으로

세금계산서를 발행해주는 시점에서 정확하게 그 금액을 맞춰서 세금계산서를 발행을 해줘야 한다. 그런데 그 시점에 정확히 과세/면세의 비율을 내기가 어렵다 그러니 매출시에는 직전과세기간을 가지고 따져서 그 금액에 맞춰서 해주는 것이다. 반대로 매입의 경우는 받기만 하면 되고 나중에 그 기간말에 다 받은 것을 모은 후에 과세 면세를 점검해서 계산 후 신고해도 된다. 그래서 차이가 난다. 이게 제일 큰 차이가 나는 요소라고 생각하고 가면 된다.

-겸영에서의 매출세액은 직전기간 과세비율에 따르고 매입세액은 당기의 과세비율에 따른다: 논리

최종이유적으로

이것을 이해하고 가야 겸영사업에 대해서 이해가 생긴다. 그런데 이것은 지극히 세금계산서의 발행과 밀접하게 관련이 된다. 즉 기본 논리는 과세자는 세금계산서 면세자는 계산서를 떼어줘야 한다. 그런데 매출세액은 당해자가 세금계산서를 떼어줘야 한다. 그래서 그 순간에 안분을 해야 하는데 굳이 한다면 할 수 있지만 아직 닥쳐올 미래에 대한 것까지를 다 계산을 해줘야 의미가 있기에 차라리 앞서의 더 확실한 직전기간을 가지고 보자는 것이다.

반면에 매입의 경우에는 세금계산서발행자체가 없기에 세금신고 즉 매입세금신고는 최종 기말 신고시에 이뤄진다. 그러니 그때 가서 총 계산 즉 해당 기간을 계산해서 신고를 하면 되기에 그때 안분을 한다. 그게 아주 가장 중요한 로직이 된다.

-매입세액계산에서 겸영에서의 전환 등의 계산시에 트럭금액 X (1-25% X 3) 에서의 곱하기 3 부분은 감가상각에 대한 것이다

최종이유적으로

처음에 이 부분을 할 때는 왜 갑자기 해당기수가 아니고 3기등을 하지 하고 생각하게 된다. 그것은 감가상각분의 계산이 된다.

-겸영계산에서 공급가액을 알 수 없는 경우는 1>매입가액비율 2>예정공급가액비율 3>예정사용면적비율 의 순서로 본다

1) 기본 암기

매입-예공/공급-면적 의 순서로 본다.
매입-공급-면적 의 순서로 보되 실제로 여기에서의 순서는 확실한 순서로 본다. 그 확실성은 매입이 제일 우선이고 그 다음으로는 세 번째로 있는 가장 나중의 확실성을 가진 면적이다. 면적은 정말로 덜 확실할지 않지 않는가? 그리고 예정공급가액은 가장 어중간한 것이라고 봐야 한다. 그래서 확

실히 내지는 확실히를 강조하는 김영삼 대통령을 생각하고 이 내용을 가자. 김영삼 사례다.

2) 최종암기

매가 예가 면적: 메가커피손흥민
절규내용: 애가 패스해야해: 선수간 갈등에 대해서
평가: 면적을 잘 차지하는 손흥민: 그러니 패스를 많이 해줘야지

-과세전환매입세액은 확정신고시에만 공제한다

전환 매입 확정: 전화기발명가벨
절규내용: 배임해야해 : 좀 늦었으면 게리슨에게 뺏기었다
평가: 확정판결까지 다 받아낸 앞서간 발명가

-공통으로 사용하기 위해서 재화를 매입하는 경우 해당 과세기간의 공급가액을 이용하여 공통매입세액을 안분계산한다. 이것이 예정신고를 하는 때에는 예정신고기간의 총 공급가액에 대한 면세공급가액의 비율에 의하여 안분계산하고 확정신고를 하는 때에 정산한다

최종이유적

이게 맞는 표현의 지문으로 자주 나온다. 여기서 정산을 한다고 함은 기간

이 두 개 이상이므로 즉 예정과 그 뒤의 것이 있기에 두 개의 기간의 것을 다 합산해서 제시를 한다는 의미에서 정산이라고 표현을 하는 것이다.

-주택과 상가가 공존하는 경우에 주택부수토지를 구하는 식은 MIn (전체면적 x (주택면적/주택과 상가면적합) Max (바닥면적 x 5배. 연면적)) 이다: 이중 앞의 미니 부분만 외우기

최종준이유적으로

민 주택 맥스-민 주택 바닥-민주-민주연세-입법자는 각 대학의 출신들에 대해서도 관심이 많다. 연세대출신들은 원래 부자부모가 많다고들 알려져 있다. 그 구호는 민주연세를 쓴다. 그게 합치가 되다보니 부가세를 매기기 위한 주택부수토지를 매기는 식은 민주연세를 염두에 둔다. 그래서 민 주택과 바닥면적을 고려해서 미니멈으로 한다 연관어:민주연세

-주택과 상가가 공존하는 경우에 주택부수토지를 구하는 식은 MIn (전체면적 x (주택면적/주택과 상가면적합) Max (바닥면적 x 5배. 연면적) 이다 : 이중 뒤의 맥스 이후 부분만 외우기

1) 취지에 따른 암기

이 식은 복잡해 보여도 논리적으로 이해가 되는 식이다. 일반 주택은 면세이기에 그 면적 범위를 많이 줄 수는 없다. 그래서 일단 가장 크게는 min

을 이룬다. 그리고 그 안에서는 주택연면적과 주택의 바닥 면적의 5배중에서 더 큰 것으로 해서 max를 매겨준다.

2) 최종준이유적 암기

바닥면적-5배-연면적-오연수: 손지창-입법자는 주택과 상가가 공존하는 것은 연예인들이 많이들 활용할 것이라는 생각을 많이 한다. 그에 대해서 나오는게 바로 주택부수토지이다. 그래서 오연수정도의 안정적 연기자는 이런거 많을 것이라고 생각한다. 그래서 오배와 연면적이다.

-겸영사업자가 나오면서 특히 면세로 하다가 과세로 추가 또는 과세로 하다가 면세 추가를 나오면서 과거에 겸영이 아닐 때 데이터가 나오는 경우가 있다

최종이유적으로

즉 면세로 하다가 과세로 추가 또는 과세로 하다가 면세 추가를 나오면서 과거에 겸영이 아닐 때 데이터가 나오는 경우라 하면 앞서의 기수에서는 분명히 과세(또는 면세) 하나만 하고 예를 들어서 X4년에 그렇게 바뀌었는데 X2 년에도 공급가액등의 데이터가 나와서 혼동을 일으키는 경우가 있다. 다만 그것은 문제를 끝까지 잘 보면 예정이라고 단서가 반드시 붙어있다. 그런 문제를 성급히 읽다가 착각을 일으키는 실수를 하지 말아야 한다.

-대체비율의 변동에 대해서는 정산하지 않는다. 그렇게 표현할 때의 대체비율의 의미를 정확히 파악해야 한다.

대체비율이라고 한다면 과연 무엇을 대체하길래 저런 표현을 쓰는가 등을 잘 파악을 해야한다. 대체란 원래 사실관계가 확정이 되기 전에 대채로 해서 쓰는 비율이라고 이해를 해야 한다. 그래서 대체비율은 어차피 임시로 만든 것이기에 즉 확실하지도 않은 것이기에 이것이 바꿔진다고 해서 새로이 바꾸는 것은 무의미하기에 대체비율의 변동은 감안해서 정산을 하지 않는다는 의미로 받아들인다.

-부가세에서 차가감납부세액 공제를 할 때는 전자신고 세액공제, 전자세금계산서 발급전송에 대한 세액공제, 신용카드매출전표 발행세액공제가 대표적인 3개의 세액공제이다: 앞부분암기

최종준이유적으로

차가감납부세액+전자신고 부분만 일단 암기를 시도한다. 안동차전놀이-입법자는 차가감납부세액에서의 공제를 뭐로 한정을 할까를 고민한다. 그중에 뭔가 세 개가 의미가 있는 게 합심적으로 가는 것을 상징적으로 하는 게 뭐가 있을지를 고민한다. 그런데 그중의 하나가 바로 안동차전놀이다. 그래 그거 좋다. 차전놀이. 그것은 차가감납부세액을 중심으로 두고 그 다음으로 전자신고를 우선으로 한다. 연관어-안동차전놀이

-부가세에서 차가감납부세액 공제를 할 때는 전자신고 세액공제, 전자세금계산서 발급전송에 대한 세액공제, 신용카드매출전표 발행세액공제가 대표적인 3개의 세액공제이다: 앞부분암기

최종준이유적으로

전자세금계산서+신용카드=자신-자신있습니까(우정의무대)-입법자는그러한 차전놀이로 합심해서 나온 여러 가지 세액공제들이 잘 뭉쳐서 내용이 나오기를 바란다. 거기에는 군인과 같은 강한 기백이 필요하다. 그래서 우정의 무대에 나왔던 자신있습니까. 자신있습니다. 그런게 생각이 난다. 연관어:자신있습니까

-차가감납부세액은 납부세액에서 공제새액을 뺀 것이다: 차가감납부세액은 납부세액에서 뺐다는 부분

최종준이유적으로

납부 (-공제)=차가감: 납부 차가감-납차 라쿠카랍차-입법자는 뭔가를 빼는 식의 등식이 나오면 좀 더 흥을 넣어야 사람들도 기억이 잘된다는 생각을 가진다. 좌우지간 차가감납부세액을 따지기 위한 큰 덩어리의 출발은 납부세액이다. 거기서 뭔가 즉 공제세액을 빼준다. 그래서 납차가 덩어리로 나오고 그래서 흥미롭게 라쿠카랍차를 통해서 실현을 하려고 한다.

-차가감납부세액은 납부세액에서 공제새액을 뺀 것이다: 차가감납부세액은 납부세액에서의 공제세액을 뺏다는 부분

최종준이유적으로

납부세액-공제새액(=차가감)=납골당:봉안당(요즘용어). 입법자는 차가감납부세액의 본질에 대해서 잘 정의를 법적으로 내리려고 한다. 이런 것들이 공제에서도 합리적으로 빼지는 것이 납골비용 납골당 비용같은 것들이 있다고 생각한다. 연관어:납골당:봉안당[심리(내면)]

-전자세금계산서 발급 전송에 대한 세액공제는 min(W200X발행건수. 연한도 100만)이다: 미니멈 관련암기

1) 기본 암기

이를 외우기 위해서는 이태백과 백만대군이 같이 서있는 것에서 서로가 겸손하려고 밑으로 밑으로만 내려가려고 한다고 생각하자.

2) 최종준이유적

전자 미니멈 이백 발행건수 백만=전자+백만=백전:노장-입법자는 전자세금계산서 발행의 공제를 한 게를 어찌둬야 할지를 고민한다. 그들이 기재부 사람들이 누군가 백전노장들 아닌가 쉽사리 돈을 양보할 것은 아니다 그러

니 한계는 백만원으로 놓는다-연관어:백전노장

-전자세금계산서 발급 전송에 대한 세액공제는 min(W200X발행건수. 연한도 100만)이다: 두 개 비교요소 관련암기

최종준이유적으로

전자 미니멈 이백 발행건수 백만-이백 백만-시선이백-입법자는 시선이백이 남겨준 유산이 크다고 생각한다. 작은 말들 하나하나가 구성이 되어서 말이다. 연관어-시선이백

-신용카드매출전표 발행세액공제는 min(신용카드매출액X1.3%. 연한도 천만원) 이다: 암기

1) 일반 암기

십삼일의금요일과 위험천만한 악행동 즉 둘 다 악행이 꼬리를 내리고 아래로 사람들을 피해서 가는 모습을 생각하자.

2) 최종준이유적

신용 일점삼 천만-삼천-: 삼천갑자동방삭-입법자는 신용카드매출전표가 기계에서 줄줄 가래떡 뽑듯이 나오는 게 장수한 수명을 가진 삼천갑자 동방

삭과 유사한 점이 많다고 본다. 연관어-삼천갑자동방삭

3) 관련 암기

삼천갑자동방삭-헌법-법률안 심의·표결권은 헌법기관으로서의 국회와 국회의원 각자에게 모두 보장된다.

PART VIII. 부가가치세의 신고 납부 절차

1. 가산세

-미등록가산세는 공급가액의 1프로이다

최종준이유적으로

미등 일프: 미일: 미일전쟁: 미등록을 하면 일프로의 가산세를 물어줌에 대해서 입법자가 고심을 할 때 역사적으로 알릴 것을 알리지 않은 게 뭐가 있나를 본다. 대표적인 것이 바로 도라도라도라의 소재가 된 미일전쟁이다. 그래서 미국과 일본의 전쟁 태평양전쟁으로 시작되었지 그것을 상기한다. 가산세는 일프로다. 미등록 가산세는 일프로다. 연관어:미일전쟁

-미등록가산세는 등록신청 직전일까지 공급가액의 1프로이고 경과 후 1개월 이내에 사업자등록 신청을 하는 경우 50퍼센트 감면한다: 암기

1) 노래 암기

이 사항과 아래 사항은 합쳐서 외운다. 매입세액의 공제에서의 공급시기가 속하는 과세기간이 끝난 후 20일 이내에 사업자등록신청을 한 경우 공급시기가 속하는 과세기간의 기산일까지 역산한 기간이내의 매입세액은 공제한다.

미등록가산세 일프로
경과후 1개월이내 50퍼센감면

과세기간후 20일내신청 기산일까지 역산공제
 나란히 나란히 나란히의 노래에 맞춰서 암기한다

-미등록가산세는 등록신청 직전일까지 공급가액의 1프로이고 경과 후 1개월 이내에 사업자등록 신청을 하는 경우 50퍼센트 감면한다: 1프로 부분만 암기

최종준이유적으로

미등 일프: 미일: 미일전쟁: 미등록을 하면 일프로의 가산세를 물어줌에 대해서 입법자가 고심을 할 때 역사적으로 알릴 것을 알리지 않은게 뭐가 있나를 본다. 대표적인 것이 바로 도라도라도라의 소재가 된 미일전쟁이다. 그래서 미국과 일본의 전쟁 태평양전쟁으로 시작되었지 그것을 상기한다. 가산세는 일프로다. 미등록 가산세는 일프로다. 연관어: 미일전쟁

-세금계산서 미발급의 경우에는 그 공급가액의 2프로의 가산세가 붙는다

1) 최종준이유적암기

1)미발급 2)이프로-첫끝발이개끝발-처음에 미등록도 그렇지만 계속 잘 관리를 해야 한다는 것에 대해서 입법자는 투철한 생각을 가진다. 그래서 첫끝발이 개끝발이니 처음에만 잘하지 말고 계속적으로 잘해야 한다는 생각을 입법자는 한다. 연관어-첫끝발이개끝발

2) 비교: 미등록과 비교

미등록이 일프로 인 것은 건건이가 아니고 덩어리 금액이기에 가능하다. 미등록과 달리 이 경우는 건건이의 경우라도 더욱더 금액의 요구선이 크다.

-부실기재의 경우에 가산세는 100분의 1을 매긴다

1) 기본 암기

이는 예술적으로 숭고하게 외운다. 그래서 일본의 가붓기(부실기재)를 하면 일본의 예에 따라서 1프로의 가산세라고 해서 외운다.

2) 최종준이유적

1>부실기재 2>일프로-실일/부일-부일문학-부실기재의 처벌에 대해서 입법자가 고심한다. 얼마의 가산세를 매길까? 그런데 이런 부실기재자들은 아마도 역사적으로 조상들도 문제가 있을것이라고 생각한다. 부일문학이 바로 그 조상들이다. 연관어-부일문학

-지연발급의 경우에 가산세는 100분의 1을 매긴다

1) 최종준이유적으로 암기

1)지연 2)일프로 –지일: 극일-과거에 일본인들이 지연발급을 해서 늦게 지장을 주었다는 말을 듣는 입법자. 그럼 안 되지 ,지금이 어느 때인데 그래 지일이 바로 극일이다. 그래서 지연발급은 일프로를 매긴다. 연관어-지일:극일

2) 연관성으로 암기

부가세의 세금계산서의 부실기재와 지연발급이 같이 1프로의 가산세로 동일함에 대해서 연관해서 암기를 해둔다. 어찌보면 부실기재는 허위정도의 것은 아니니 야단은 치되 아주 욕먹을 정도는 아니고 말이다. 지연발급도 늦은거지 그게 아주 그야 말로 속된 말로 욕을 '처먹을'정도는 아니니 말이다.

-타인명의로 세금계산서를 발행한 때에는 공급가액의 2프로를 가산세로 낸다

최종준이유적

1)타인 2)이프로: 타이-해태타이거스-입법자는 타인명의로 세금계산서를 발행할 때는 2프로를 내야 한다고 생각한다. 그냥 팀이 바뀌어서 해태타이거스를 기아타이거스로 보면 모르겠지만 고의로 그랬다면 타인발행으로 해서 2프로의 가산세를 해야 한다.

2. 주사업장총괄납부제도와 사업자단위과세제도

-주사업장총괄납부제도와 사업자단위과세제도를 구분해서 이해해야 한다

1) 주사업장총괄납부제도의 취지

일단 이는 환급으로 인한 불편을 해소하기 위한 제도이다. 그래서 이 제도 주사업장총괄납부제도는 납부만 한곳에서 편의상 몰아서 한다는 특징이 있다. 둘 이상의 사업장을 가진 사업자가 어느 한 사업장에서 납부세액이 발생하고 다른 사업장에서는 환급세액이 발생하는 경우, 사업장 단위로 과세하면 사업자는 절차상 납부를 먼저 해야 하고 환급은 나중에 받아야 하므로 이로 인한 자금상의 부담을 받게 된다. 그래서 불합리하다. 그래서 사업자의 납세편의를 도모하기 위한 목적에서 주사업장 총괄납부제도를 두고 있다. 주사업장 총괄납부제도는 부가가치세의 납부 및 환급만 주된 사업장에서 총괄하는 것이며, 신고 및 세금계산서 발급 등은 각 사업장별로 하여야 한다. 이 경우 주된 사업장은 법인인 경우 본점(주사무소 포함)또는 지점(분사무소 포함) 중 선택할 수 있다.

주된 사업장에서 총괄하여 납부하고자 하는 자는 총괄납부 하고자 하는 과세기간 개시 20일 전에 주사업장총괄납부신청서를 주된 사업장의 관할 세무서장에게 제출하여야 한다. 다만. 신규로 사업을 개시한 자가 주된 사업장에서 총괄하여 납부하고자 하는 경우에는 주된 사업자의 사업자등록증을 받은 날부터 20일 이내에 주사업장총괄납부신청서를 주된 사업장의 관할 세무서장에게 제출하여야 한다.

주사업장에서 총괄하여 납부하는 자가 총괄납부를 포기하고 각 사업장별로 납부하고자 할 때에는 과세기간 개시 20일 전에 주된 사업장 관할세무서장에게 주사업장총괄납부포기신청서를 제출하여야 한다.

2) 사업자단위 과세제도의 취지: 과제자체도 사업자단위로 한다

사업장이 둘 이상 있는 사업자는 사업자단위로 해당 사업자의 본점 또는 주사무소 관할세무서장에게 등록할 수 있다. 사업자 단위로 등록한 사업자(사업자단위과세사업자)는 그 사업자의 본점 또는 주사무소에서 총괄하여 신고·납부 및 세금계산서 발급 등을 하게 된다.

이미 각 사업장별로 등록한 사업자가 사업자단위로 등록하려면 사업자단위과세사업자로 적용받으려는 과세기간 개시 20일 전까지 등록하여야 한다. 포기와 관련해서는 사업자단위과세사업자가 각 사업장별로 신고·납부하거나 주사업장총괄납부를 하려는 경우에는 그 납부하려는 과세기간이 시작하기 20일 전에 사업자단위과세포기신고서를 사업자단위과세 적용 사업장 관할세무서장에게 제출하여야 한다.

-주사업장 총괄납부제도를 포기한 경우에는 그 포기한 날이 속하는 다음 과세기간부터 각 사업장에서 납부하여야 한다

최종이유적으로

이는 안전히 기계적인 제도래서 그 역력을 따라가는 것이다. 그렇게 쉽게

생각하면 된다. 극히 기계적인 제도이니 심사니 뭐니도 필요가 없다. 그야말로 그냥 하면 된다.

-사업장 단위로 등록한 사업자가 사업자단위과세 사업자로 변경하려면 사업자단위과세사업자로 적용받으려는 과세기간 개시 20일전까지 사업자의 본점 또는 주사무소 관할 세무서장에게 변경등록을 해야 한다: 암기

최종이유적으로

이런 유사류의 제도들과 같아 해서 암기를 한다. 즉 총괄납부제도에서 적용받기 20일전까지 해야 하는 것과 같이 해서 암기를 한다.

-주사업장총괄납부의 적용을 신규로 사업을 개시하는 자가 받으려면 주된 사업장의 사업자등록증을 받은 날로부터 20일 이내에 신청서를 제출해야 한다. 사업자단위과세를 받으려면 사업개시일로부터 20일 이내에 사업자단위로 등록해야 한다: 암기

1) 최종준이유적으로

총이: 책임총리제-입법자는 책임총리의 마음으로 신청서를 제출해야 한다고 주장한다. 연관어-책임총리제

2) 비교이해적으로

특히 사업자등록증을 신청하는 기간이 20일임에 일치성을 가지고 봐야 한다.

-주사업장 총괄납부를 선택한 사업자는 그 안에서 자기의 사업과 관련하여 생산 또는 취득한 재화를 판매목적으로 타사업장으로 반출하는 경우 재화의 공급에 해당하지 않아서 세금계산서 발급의무가 없다

최종이유적으로

주사업장 총괄납부 자체가 자기가 어떤 통합적 목적을 가지고 그 안에서 알아서 잘하겠다의 의미를 가지기에 세금계산서를 따로 해서 부가세를 납부하지 않게 하는 것이다. 그래서 발급의무가 없다. 그게 아니라면 부가가 되는데 말이다.

-공급시기가 속하는 과세기간이 끝난 후 20일 이내에 사업자등록신청을 한 경우 공급시기가 속하는 과세기간의 기산일까지 역산한 기간 이내의 매입세액은 공제한다

최종이유적으로

여기서 역산 어쩌고의 말은 어렵게 생각할 필요가 없다. 이 말을 처음에 어렵게 받아들이면 무엇을 역산하라는 말이지? 하고 생각하지만 그야 말로 소급적용이 된다고 생각하면 쉽게 이해가 된다.

-개인사업자의 경우 관할세무서장은 제1기예정신고기간분 예정고지세액에 대해서 4월 1일부터 4월 10일까지의 기간이내에 납부고지서를 발부해야 한다

이는 따로 외우지 않고 납부기한이 25일 것과 같이 해서 외운다.

-부가세의 1기 예정신고기간의 납부기한은 4월 25일이고 2기는 10월 25일이다

최종준이유적

부가세+10월25일-부십-특히 10월이 확정이 되면 25일 것은 경제생활을 하는 사람들 입장에서는 아주 익숙한 것으로 가니까 말이다. 그래서 부와 십 두 가지를 가지고 생각한다. 부심: 주심-입법자는 부가세가 두 번을 내는 게 마치 축구경기에서의 주심부심처럼 뭔가가 앞서 나가고 다른 게 뒤로 가는 것과 비슷하다고 생각했다. 그래서 그렇다면 부심: 주심 중요하다 그러니 부가세는 한 개는 부심(부십)으로 해서 시월 십월이다라고 생각한다.
연관어: 주심: 부심[스포츠]

도 서 명: 세무사무실 직원들을 위한 쉽게 이해하는 부가세법
저　　자: 자격증수험연구회
초판발행: 2025년 04월 18일
발　　행: 수학연구사
발 행 인: 박기혁
등록번호: 제2020-000030호
주　　소: 서울특별시 영등포구 버드나루로 130 1층 104호(당산동, 강변래미안)
Tel.(02) 535-4960　Fax.(02)3473-1469

Email. kyoceram@naver.com

수학연구사 Book List

9001 고1,고2 내신 수학은 따라가지만 모의고사는 망치는 학생의 수학 문제 해결법
저자 수학연구소 / 19,500

9002 이공계 은퇴자와 강사를 위한 수학 과학 학습상담센터 사업계획 가이드
저자 수학연구소 / 19,500

9003 고3 재수생 수능 수학 만점, 양치기를 어떻게 바라보고 극복할 것인가
저자 수학연구소 / 19,500

9004 대학생들이 세상에서 가장 효율적으로 일본어를 정복하는 방법
저자 최단시간일본어연구회 / 19,500

9005 프랑스어를 꼭 공부해야 하는 대학생들이 쉽게 어려운 단어를 외우는 방법
저자 최단시간프랑스어연구회 / 19,500

9006 중국어를 빠르게 배우고 싶은 해외 파견 공무원들을 위한 책
저자 최단시간중국어연구회 / 19,500

9007 변리사들이 효율성 높게 일본어를 익히는 법
저자 변리사실무연구회 / 19,500

9008 세무사가 업무상 필요한 일본어 청취를 빠르게 습득하는 법
저자 세무사실무연구회 / 19,500

9009 심리상담사가 프랑스어 단어를 빠르게 익히는 방법
저자 상담심리실무연구회 / 19,500

9010 업무용 일본어 듣기의 효율성을 높이는 법: 해외파견공무원용
저자 공무원실무연구회 / 19,500

9011 관세사들이 스페인어 단어를 쉽고 빠르게 외우는 법
저자 관세사실무연구회 / 19,500

9012 스페인어 리스닝을 쉽게 하는 법: 해외파견금융기관직원을 위한 책
저자 금융실무연구회 / 19,500

9013 관사세가 알면 좋을 프랑스어 단어를 효율적으로 외우는 법
저자 관세사실무연구회 / 19,500

9014 법조인이 알면 좋을 스페인어 단어를 빠르게 익히는 법
저자 법조인실무연구회 / 19,500

9015 법조인이 알면 좋을 스페인어 단어를 빠르게 익히는 법
저자 법조인실무연구회 / 19,500

9016 미용 뷰티업계에서 알면 좋을 이탈리아어 단어 빠르게 외우는 법
저자 뷰티실무연구회 / 19,500

9017 간호대학생과 간호사 의학용어시험 만점! 심장순환계통단어 암기법
저자 의학수험연구회 / 19,500

9018 항공공항업계에서 알면 좋을 스페인어 단어 스피드 암기법
저자 항공공항실무연구회 / 19,500

9019 약사와 약대생을 위한 의학용어 만점암기법_ 심장순환계와 근육계
저자 의학수험연구회 / 19,500

9020 한의사와 한의대생을 위한 양의학용어 암기법_ 호흡기와 감각기
저자 의학수험연구회 / 19,500

9021 의료변호사를 위한 의학용어 암기법_ 소화기와 비뇨기
저자 의학수험연구회 / 19,500

9022 건강보험공단 직원과 취준생을 위한 의학용어 암기법_ 감각기와 호흡기
저자 의학수험연구회 / 19,500

9023 간호사 국가고시 합격기간 단축하기_ 1교시 성인간호, 모성간호
저자 의학수험연구회 / 19,500

9024 건강보험공단 직원과 취준생을 위한 의학용어 암기법_ 감각기와 호흡기
저자 의학수험연구회 / 19,500

9025 수의사와 수의대생을 위한 의학용어 암기법_ 근골격계와 심장순환계
저자 의학수험연구회 / 19,500

9026 식품위생직, 식품기사 시험을 위한 식품미생물 점수 쉽게 따기
저자 식품위생연구회 / 19,500

9027 영양사 시험 스피드 합격비법_ 1교시 영양학, 생화학, 생리학 중심
저자 영양사시험연구회 / 19,500

9028 영양사 시험 스피드 합격비법_ 2교시 식품학, 식품위생 중심
저자 영양사시험연구회 / 19,500

9029 6급 기관사 해기사 자격 시험 스피드 합격비법
저자 해기사시험연구회 / 19,500

9030 재배학개론 농업직 공무원시험 스피드 합격비법
저자 공무원시험연구회 / 19,500

9031 식용작물학 농업직 공무원시험 스피드 합격비법
저자 공무원시험연구회 / 19,500

9032 수능 지구과학1 입체적 이해로 만점 받기
저자 수능시험연구회 / 19,500

9033 건축구조 건축직 공무원 시험 교과서 술술 읽히게 하는 책
저자 공무원시험연구회 / 19,500

9034 위생관계법규 조문과 오엑스 조리직 공무원시험
저자 공무원시험연구회 / 19,500

9035 자동차구조원리 운전직 공무원 시험 교과서 술술 읽히게 하는 책
저자 공무원시험연구회 / 19,500

9036 수의사와 수의대생을 위한 의학용어_ 암기법 소화기와 비뇨기
저자 의학수험연구회 / 19,500

9037 도로교통사고 감정사 1차 시험 교과서 술술 읽히게 하는 책
저자 자격증수험연구회 / 19,500

9038 위험물산업기사 필기시험 교과서 술술 읽히고 암기되게 하는 책
저자 자격증수험연구회 / 19,500

9039 소방관계법규 조문과 오엑스 소방직 공무원시험
저자 공무원시험연구회 / 19,500

9040 양장기능사 필기시험 교과서 술술 읽히고 암기되게 하는 책
저자 자격증수험연구회 / 19,500

9041 섬유공학 패션의류 전공자가 섬유가공학 술술 읽고 학점도 잘 받게 해주는 책
저자 섬유공학패션연구회 / 19,500

9042 의류복식사 술술 읽고 학점 잘 받게 해주는 섬유공학 패션의류 전공자를 위한 책
저자 섬유공학패션연구회 / 19,500

9043 반도체장비유지보수 기능사 필기 교과서 술술 읽히고 암기되게 하는 책
저자 자격증수험연구회 / 19,500

9044 4급 항해사 해기사 자격 수험서 술술 읽히고 암기되게 하는 책
저자 자격증수험연구회 / 19,500

9045 접착 계면산업 관련 논문 특허자료 술술 읽히고 암기되게 하는 책
저자 접착계면산업연구회 / 19,500

9046 재수삼수 생활로 점수 올려 대입 성공한 이야기
저자 오답노트컨설팅클럽 / 19,500

9047 치위생사 국가시험 수험서 술술 읽히고 암기되게 하는 책
저자 자격증수험연구회 / 19,500

9048 치위생사 국가시험 수험서 술술 읽히고 암기되게 하는 책_ 2교시 임상치위생처치 등
저자 자격증수험연구회 / 19,500

9049 가스산업기사 필기시험 수험서 술술 읽히고 암기되게 하는 책
저자 자격증수험연구회 / 19,500

9050 응급구조사 1,2급 시험 수험서 술술 읽히고 암기되게 하는 책
저자 자격증수험연구회 / 19,500

수학연구사 Book List

번호	제목	저자 / 가격
9051	떡제조기능사 시험 수험서 술술 읽히고 암기되게 하는 책	저자 자격증수험연구회 / 19,500
9052	임상병리사 시험 수험서 술술 읽히고 암기되게 하는 책	저자 자격증수험연구회 / 19,500
9053	의료관계법규 4대법 조문과 오엑스 뽀개기 의료기술직 공무원시험	저자 공무원시험연구회 / 19,500
9054	간호학 전공자가 간호미생물학 술술 읽고 학점도 잘 받게 해주는 책	저자 간호학연구회 / 19,500
9055	간호사 국가고시 합격기간 단축하기_ 2교시 아동간호, 정신간호 등	저자 의학수험연구회 / 19,500
9056	도로교통법규 조문과 오엑스 뽀개기 운전직 공무원시험	저자 공무원시험연구회 / 19,500
9057	전기공학부생들이 시험 잘 보고 학점 잘 따는 법	저자 기술튜터토니 / 19,500
9058	간호대학생들이 약리학을 쉽게 습득하는 학습법	저자 간호학연구회 / 19,500
9059	의치대를 목표하는 초등생자녀 이렇게 책 읽고 시험 보게 하라	저자 의치대보낸부모들 / 19,500
9060	지적관계법규 조문과 오엑스 뽀개기 지적직 공무원시험	저자 공무원시험연구회 / 19,500
9061	방송통신대 법학과 학생이 학점 잘 받게 공부하는 법	저자 법학수험연구회 / 19,500
9062	공인중개사 1차 시험 쉽게 합격하는 학습법	저자 법학수험연구회 / 19,500
9063	기술직 공무원 시험 쉽게 합격하는 학습법	저자 공무원시험연구회 / 19,500
9064	독학사 간호과정 공부 쉽게 마스터하기	저자 간호학연구회 / 19,500
9065	주택관리사 시험 빠르게 붙는 방법과 노하우	저자 자격증수험연구회 / 19,500
9066	비로스쿨 법학과 대학생들을 위한 공부 방법론	저자 법학수험연구회 / 19,500
9067	기술지도사 필기시험 빠르고 쉽게 합격하는 학습법	저자 자격증수험연구회 / 19,500
9068	감정평가사 시험 스트레스 낮추고 빠르게 최종 합격하는 길	저자 자격증수험연구회 / 19,500
9069	의무기록사 시험 합격을 위한 의학용어 암기법_ 순환계와 근골계	저자 의학수험연구회 / 19,500
9070	의무기록사 시험 합격을 위한 의학용어 암기법_ 소화기와 비뇨기	저자 의학수험연구회 / 19,500
9071	감정평가사 2차 합격을 위한 서브노트의 필요성 논의와 공부법	저자 자격증수험연구회 / 19,500
9072	감정평가사 민법총칙 최단시간 공부법과 문제풀이법	저자 자격증수험연구회 / 19,500
9073	게임 IT업계 직원이 영어를 빠르게 듣고 말할 수 있는 방법	저자 최단시간영어연구회 / 19,500
9074	IT 게임업계 직원이 효율적으로 빠르게 일본어를 습득하는 법	저자 최단시간일본어연구회 / 19,500
9075	게임회사 IT업계 직원이 프랑스어 단어를 빨리 익히는 법	저자 최단시간프랑스어연구회 / 19,500
9076	경영지도사가 빠르고 효율적으로 중국어를 배우는 법	저자 최단시간중국어연구회 / 19,500
9077	유튜버가 일본어 청취를 빠르게 익히는 방법	저자 최단시간일본어연구회 / 19,500
9078	법조인들이 알면 좋은 프랑스어 단어를 빠르게 익히는 법	저자 최단시간프랑스어연구회 / 19,500
9079	경영지도사에게 필요한 스페인어 단어 빠르게 익히기	저자 최단시간스페인어연구회 / 19,500
9080	일본어 JLPT N4, N5 최단시간에 합격하는 법	저자 최단시간일본어연구회 / 19,500
9081	관세사에게 필요한 이탈리아어 단어 빠르게 익히기	저자 최단시간외국어연구회 / 19,500
9082	일본 관련 사업을 하는 중개사를 위한 효율적인 일본어 듣기법	저자 최단시간외국어연구회 / 19,500
9083	일본 취업 준비생을 위한 일본어 리스닝과 단어 실력 빠르게 올리는 방법	저자 최단시간외국어연구회 / 19,500
9084	관세사에게 필요한 중국어 빠르게 습득하는 법	저자 최단시간외국어연구회 / 19,500
9085	누적과 예측을 통한 영어 말하기와 듣기 해답_ 해외진출자를 위한 책	저자 최단시간외국어연구회 / 19,500
9086	스페인어를 공부해야 하는 대학생들이 빠르게 단어를 숙지하는 법	저자 최단시간외국어연구회 / 19,500
9087	취업 준비 대학생은 인생 자격증으로 공인중개사 시험에 도전하라	저자 자격증수험연구회 / 19,500
9088	고경력 은퇴자에게 공인중개사 시험을 강력 추천하는 이유와 방법론	저자 자격증수험연구회 / 19,500
9089	효율적인 4개 국어 학습법과 외국어 실력 올리는 방법	저자 최단시간외국어연구회 / 19,500
9090	여성들의 미래대안 공인중개사 시험 도전에 필요한 공부 가이드	저자 자격증수험연구회 / 19,500
9091	해외파견근무직원들이 이탈리아어 단어 빠르게 익히는 방법	저자 최단시간외국어연구회 / 19,500
9092	영어 귀가 뻥 뚫리는 리스닝 훈련법	저자 최단시간외국어연구회 / 19,500
9093	열성아빠를 위한 민사고 졸업생의 생활팁과 우수 공부비법	저자 교육연구회 / 19,500
9094	유초등 아이 키우는 열정할머니를 위한 민사고 생활팁과 공부가이드	저자 교육연구회 / 19,500
9095	심리상담사가 일본어를 쉽게 배울 수 있는 노하우와 팁	저자 최단시간외국어연구회 / 19,500
9096	법조인을 위한 틀리는 소리에 집중하는 외국어 리스닝과 단어 훈련법	저자 최단시간외국어연구회 / 19,500
9097	관세사를 위한 문법 상관없이 받아 듣고 적는 외국어 학습법	저자 최단시간외국어연구회 / 19,500
9098	민사고에 진학할 똑똑한 중학생을 위한 민사고 공부팁과 인생 이야기	저자 교육연구회 / 19,500
9099	해외파견근무직원들을 위한 프랑스어 단어 쉽게 배우기	저자 최단시간외국어연구회 / 19,500
9100	해외파견근무직원들이 일본어를 쉽고 빠르게 공부하는 방법	저자 최단시간외국어연구회 / 19,500

수학연구사 Book List

9101 대학생들이 이탈리아어 단어 쉽고 빠르게 익히는 법
저자 최단시간외국어연구회 / 19,500

9102 뷰티 화장품 업계에서 알면 좋은 스페인어 단어 쉽게 익히기
저자 최단시간외국어연구회 / 19,500

9103 민사고 진학에 갈등을 느끼는 딸바보 아빠를 위한 인생 조언과 공부법
저자 교육연구회 / 19,500

9104 유튜버를 위한 영어 리스닝과 스피킹 실력 빠르게 올리는 법
저자 최단시간외국어연구회 / 19,500

9105 해외파견직들을 위한 문법 없이 어학 공부하는 방법
저자 최단시간외국어연구회 / 19,500

9106 변리사가 프랑스어 단어를 쉽고 빠르게 배우는 법
저자 최단시간외국어연구회 / 19,500

9107 법조인이 알면 좋을 중국어 스피드 습득법
저자 최단시간외국어연구회 / 19,500

9108 임용고시 합격하려면 고시 노장처럼 공부하지 마라
저자 임용고시연구회 / 19,500

9109 임용고시 합격을 위한 조언_ 공부로 생긴 스트레스 공부로 풀어라
저자 임용고시연구회 / 19,500

9110 가맹거래사 시험 법학에 자신이 없는 사람들이 꼭 봐야 할 합격법
저자 자격증수험연구회 / 19,500

9111 가맹거래사 책이 쉽게 이해되지 않는 사람들을 위한 수험전략 가이드
저자 자격증수험연구회 / 19,500

9112 항공 및 공항 업계에서 알면 좋을 이탈리아어 단어 효율 암기법
저자 최단시간외국어연구회 / 19,500

9113 은퇴자를 위한 외국인과 만나는 게 즐거운 영어 리스닝 방법
저자 최단시간외국어연구회 / 19,500

9114 항공과 공항업계인을 위한 일본어 듣기와 단어 청크 단위 학습법
저자 최단시간외국어연구회 / 19,500

9115 유튜버가 프랑스어 단어에 쉽게 접근하고 익히는 법
저자 최단시간외국어연구회 / 19,500

9116 대학생이 필요한 스페인어 청취를 빠르게 습득하는 법
저자 최단시간외국어연구회 / 19,500

9117 해외파견직들을 위한 스페인어 단어 스피드 학습법
저자 최단시간외국어연구회 / 19,500

9118 관세사를 위한 직청직해 소리단어장 다국어 훈련법
저자 최단시간외국어연구회 / 19,500

9119 경비지도사 처음 도전하는 사람들이 꼭 알아야 할 시험 접근법
저자 자격증수험연구회 / 19,500

9120 유튜버가 이탈리아어 단어 효율적으로 익히는 방법
저자 최단시간외국어연구회 / 19,500

9121 관세사가 빠르고 쉽게 일본어 실력 올리는 법
저자 최단시간외국어연구회 / 19,500

9122 영어가 부족한 법조인을 위한 리스닝과 스피킹 효율 학습법
저자 최단시간외국어연구회 / 19,500

9123 미용 뷰티업계에서 알면 좋을 일본어 쉽게 접근하는 법
저자 최단시간외국어연구회 / 19,500

9124 대학생을 위한 외국어 공부법_ 문법은 버리고 소리에 집중하자
저자 최단시간외국어연구회 / 19,500

9125 심리상담사가 스페인어 단어를 효율적으로 배우는 방법
저자 최단시간외국어연구회 / 19,500

9126 대학생을 위한 다양한 외국어 쉽게 접근하게 해주는 가이드
저자 최단시간외국어연구회 / 19,500